D1874965

FRIEDRICH GERSTÄCKER

Goldfieber
im australischen Busch

In der Bearbeitung
von Thomas Ostwald

Schneider-
Buch

Inhalt

Der Überfall

Die Sonne verschwand gerade hinter den wildzerrissenen Höhenzügen der Blue Mountains in New South Wales. Ihre letzten Strahlen gaben dem australischen Busch eine merkwürdige Färbung: Die grauen Gum-Bäume wirkten traurig und tot, und nur hier und da lockerte ein grüner Strauch mit goldgelben Blüten dieses trostlose Bild etwas auf. Dunkelgrün erhoben sich die nahen Berge im Zwielicht. Am Himmel schwebten leichte Wolken, und im Westen wurden die Nebelstreifen schon vom rosigen Abendlicht übergossen.

In diesem Augenblick erreichten vier Männer den sogenannten Razorback, den höchsten Gebirgszug dieser Gegend. Ihre Kleidung war genauso schlicht wie die der umherziehenden Farmarbeiter oder Viehaufseher, aber im Gegensatz zu denen trugen die vier Waffen. Ein Blick in ihre Gesichter hätte vollends genügt, um dieser Gesellschaft nichts Gutes zuzutrauen.

Nur einer schien nicht recht zu den anderen zu passen. Zwar trug er wie sie Kleidung aus sogenanntem englischem Leder, dazu einen kalifornischen Hut und grobe Buschschuhe; aber sein Hemd war sauber, seine ganze Erscheinung gepflegter. In anderer Gesellschaft hätte er durchaus für einen Farmer gehalten werden können. Die Leute im australischen Busch können keine allzu große Sorgfalt auf ihre Kleidung legen, Hauptsache, sie ist praktisch. Dieser Mann schien noch jung zu sein, vielleicht knapp dreißig Jahre alt. Ein etwas gekrauster, hellbrauner Bart umrahmte ein Gesicht mit leicht geröteten Wangen. Das freundliche Aussehen wurde jedoch durch seinen unsteten, ständig umherschweifenden Blick wieder zunichte gemacht. Scheu sah er sich um, als sie den Weg betraten, aber niemand war auf der leicht abfallenden Straße zu sehen. Der Wald stand still, nur in weiter Ferne strich ein Schwarm Kakadus, die der Australier „lachende Esel" nennt, seinem nächtlichen Standort zu.

Der Älteste des kleinen Trupps, unverkennbar ein Ire, hatte auffällige Pockennarben im Gesicht. Er bückte sich, betrachtete den Weg eingehend und sagte: „Wir kommen rechtzeitig. Die Postkutsche ist noch nicht vorbei!"

„Dazu hätten wir dein kluges Köpfchen nicht gebraucht, Jim", meinte einer der anderen und lachte. „Nach der Zeit, die sie von Golbourne braucht, kann sie noch gar nicht hier sein. Wir müssen bestimmt noch eine Stunde warten. Trotzdem ist es besser, wenn wir mit der Arbeit anfangen. Wo nur der ‚Trompeter' bleibt! Er wollte doch um diese Zeit hier sein. Jede Wette, der Holzkopf hat sich verlaufen!"

„Wir haben noch Zeit, Bob", entgegnete jetzt der junge Mann. „Die Arbeit machen wir doch leicht in fünf Minuten. Außerdem ist es jetzt noch zu hell. Wenn uns ein Reiter in die Quere käme, wäre alles verdorben."

„Ach was", erwiderte Bob verächtlich, „es wäre doch nicht schwer, mit dem fertig zu werden. Aber meinetwegen, lange haben wir nicht zu tun, und der ‚Trompeter' ist noch nicht da. Hauptsache, er hat keine Dummheiten gemacht!"

„Keine Sorge." Der junge Mann lachte. „Der bringt uns eine Spitzhacke, und wenn er sie einem der Schäfer unter dem Kopfkissen wegstehlen müßte. Da wäre nur..."

In diesem Augenblick schallte ein eigentümlicher Laut durch den Wald. Es klang wie der Ruf eines Wasservogels.

„Da kommt er ja endlich!" rief Jim. „Jetzt wissen wir gleich, woran wir sind." Er legte die Hände an den Mund und ahmte täuschend echt den Schrei des schwarzen Kakadus nach. Gleich darauf hörten die Männer schwere Schritte und das Brechen von Ästen. Der lang erwartete Kumpan, der „Trompeter", kletterte den Hang herauf. Er war genauso gekleidet wie die anderen. An der Seite trug er ein großes Messer, auf der Schulter eine lange Muskete, und in der Hand hielt er eine schwere Spitzhakke, die er jetzt mit einem Fluch auf die Erde warf. „Nie wieder schleppe ich ein so schweres Ding durch den Busch!" rief er. Seinen Spitznamen hatte er von den anderen erhalten, weil er früher Trompeter in der Armee gewesen war und jetzt noch gern damit prahlte.

Noch einmal horchte der kleine Trupp in den Wald hinein, in die Richtung, aus der die Postkutsche erwartet wurde. Dann stiegen die Männer schweigend den Berg nach Osten hinunter, bis sie den Platz erreichten, wo die größte Steigung überwunden war. Bis hierher würden die Passagiere zu Fuß gehen müssen, wollten sie ihren Hals auf der steilen, rauhen Fahrt im Wagen nicht riskieren. Von dieser Stelle aus lief der Weg ins Tal, und der Kutscher würde dann seine Pferde wieder kräftig ausgreifen lassen.

Noch etwa zweihundert Schritt folgten sie dem Weg. Endlich brach Bill das Schweigen. „Das ist der Platz, Freunde. Hier wird keiner ernsthaften Schaden erleiden, wenn wir den alten Kasten umkippen. Bequemer können wir es ihnen kaum machen. Jim, nimm du die Spitzhacke, du kannst damit am besten umgehen. Nachher lösen wir dich ab."

Murrend legte der Angesprochene seine Waffen ab und griff nach der Hacke. „Wir sind schon merkwürdige Straßenarbeiter. Ob uns die Regierung Ihrer Majestät dafür wohl dankbar ist?"

„Die Regierung soll verdammt sein", brummte der „Trompeter". „Für das, was sie uns angetan hat, ist das hier nur ein kleiner Ausgleich!"

„Wir müssen die Rinne noch etwas tiefer machen", sagte jetzt Bill, der die Arbeit beobachtete. „Die Pferde weichen sonst rechtzeitig aus, und der ganze Spaß war umsonst."

„Der Weg ist verdammt hart", brummte Jim. „Die Spitze fährt kaum einen halben Zoll in den Boden."

„Das wird schon besser, wenn wir etwas tiefer kommen", tröstete ihn Bill. „So – bis dahin, das reicht. Das eine Rad muß hier die Rinne erfassen."

Jim arbeitete mit der Hacke weiter. Die anderen legten jetzt auch ihre Waffen ab, zogen die Jacken aus und krempelten die Ärmel hoch. Dann beseitigten sie das losgeschlagene Erdreich mit den Händen. Über ihre Absicht konnte nun kein Zweifel mehr bestehen: Jim baute eine Falle für die Postkutsche auf der Strecke von Bathurst nach Sydney. So mußte der von Golbourne kommende Wagen umkippen. Der Abhang war hier steil genug und ein rasches Anhalten damit unmöglich.

Als die Arbeit endlich beendet war, begutachteten alle die Rinne. Sie schien ihnen tief genug zu sein. Inzwischen war die Nacht hereingebrochen, der letzte Schein im Westen verblichen, und die Sterne sandten ihr mattes

Licht auf die Erde.

Die vier warteten jetzt ihre Zeit ab. Sie lagerten unter einem der alten Gum-Bäume im Busch. Von hier aus konnten sie den Weg gut überblicken. Bill hatte eine große Flasche Rum mitgebracht, aus der jetzt alle tranken; Bill selbst allerdings nahm nur wenig. Die Unterhaltung war einsilbig, denn alle horchten in die Nacht hinein, um die Postkutsche rechtzeitig zu hören. Es dauerte aber noch eine Stunde, bis Jim plötzlich in die Höhe fuhr und mit gedämpfter Stimme sagte: „Sie kommt!"

Die Männer schwiegen und lauschten gespannt. Jetzt drang ein undeutliches Knarren und Poltern zu ihnen, und bald darauf konnten sie Stimmen unterscheiden. Einer der Nahenden pfiff die Melodie von „The last rose of summer". Näher und näher kamen die Laute – doch plötzlich war alles wieder still.

„Der Wagen hält jetzt", flüsterte Bill. „Sie steigen ein." Nun war keine Zeit mehr zu verlieren. Bill hatte eine kleine Blendlaterne entzündet und unter seiner Jacke versteckt. Die vier Wegelagerer ergriffen ihre Waffen und nahmen die verabredeten Posten ein.

Jetzt rollte die Postkutsche heran. Der Kutscher kannte hier jeden Fußbreit Boden, und als er wußte, daß er die schwierigste Stelle überwunden hatte, trieb er die Pferde zu einer schärferen Gangart an. Damit wollte er die verlorengegangene Zeit wieder einholen. Die Passagiere, die vor der steilen Bergkuppe abgestiegen waren, brauchten nur wenig Zeit, um sich auf ihren Sitzen wieder zurechtzurücken. Jetzt erschien der dunkle Schatten der Kutsche auf der Straße – näher kam sie, immer näher... Da erreichten die Pferde die Stelle, wo Jim die aufgehauene Erde in den Busch geworfen hatte.

„Woh! Woah!" schrie da der Kutscher plötzlich und versuchte, die Tiere nach rechts hinüberzureißen. Sein scharfes Auge hatte selbst in der Dunkelheit entdeckt, daß auf dem Weg etwas nicht stimmte. Er konnte nur nicht erkennen, ob der Schatten vor ihm ein Loch oder ein Baumstamm war – aber da war es auch schon zu spät.

Die Pferde gehorchten zwar sofort, aber das Vorderrad hatte schon die tiefe Rinne erreicht. Fast gleichzeitig mit dem Ruf des Kutschers sanken die beiden linken Räder bis über die Achsen in die Vertiefung. Die „Royal Mail", wie der offene Postkarren in leichter Übertreibung getauft worden war, schlug um. Die Passagiere schrien laut auf, und der Kutscher wurde vom Bock geschleudert. Er schlug mit dem Kopf auf einen Stein und blieb bewußtlos liegen. Die Pferde, die sich in den gerissenen Riemen verwickelt hatten, stampften, schlugen und bäumten sich auf, bis sich die beiden vorderen Tiere losrissen und in panischer Angst die Straße hinabstoben.

Einer der Räuber wollte sie aufhalten, aber das war nicht mehr möglich. Kurze Zeit später war ihr Hufschlag schon verhallt.

Bill und seine Gefährten hatten auch keine Zeit, sich weiter um sie zu kümmern. Der junge Mann wurde von Jim und dem „Trompeter" unterstützt, die beide keine Neulinge in diesem „Geschäft" waren.

Die drei sprangen mit gespannter Pistole in der Hand zwischen die Passagiere. Ehe die sich von ihrem Sturz auch nur halbwegs erholt hatten, sahen sie sich von den dunklen Gestalten umringt. Jetzt erklang Jims tiefe, leidenschaftslose Stimme.

„Bleibt ruhig liegen, meine Freunde. Dem ersten, der versucht aufzustehen oder der auch nur den Kopf vom

Boden hebt, schieße ich eine Ladung Schrot durch den Schädel – sonst nichts. Wer mich dann noch nicht verstanden hat, soll sich später nicht beklagen."

Dumpfes Stöhnen antwortete ihm, denn die Reisenden waren überall vor den Buschrangern gewarnt worden. Wilde Schauergeschichten hatten sie alle gehört oder sogar schon einmal einen ähnlichen Überfall erlebt. Sie lagen, teilweise vom Sturz oder der Überraschung wie gelähmt, am Boden und machten keinerlei Anstalten, sich zu wehren.

Jim beobachtete sie eine Weile schweigend, nickte dann und fuhr fort: „So ist es recht, meine Freunde! Seid lauter brave Kinder, wie ich sehe! Würde euch aber auch nicht viel nützen, wenn ihr unartig sein wollt. Wir sind hier sechzehn Mann, alle bis an die Zähne bewaffnet und gerade in der richtigen Laune, um auszuführen, was wir so nett begonnen haben. Also, Bill, fang einmal an, damit wir mit den Herren fertig werden. Die Zeit könnte ihnen sonst etwas lang werden."

Bill hatte sich eine Maske über das Gesicht gezogen. Sie bestand aus einem viereckigen Stück schwarzer Seide mit Löchern für die Augen. Er übernahm die Plünderung der Passagiere; dabei schien er genau zu wissen, wo sich das meiste Geld befand. Rasch sprang er zu dem umgestürzten Karren und öffnete mit ein paar Schlägen der Spitzhacke das Schloß des Kastens, in dem die Wertsachen lagen. Ein in Leder geschnürtes schweres Päckchen und die Briefbeutel brachte er gleich zur Seite. Dann kehrte er zurück und half den anderen. Jeder der Reisenden wurde durchsucht. Während der „Trompeter" mit gespanntem Gewehr bereitstand, suchte Bill in den Taschen der Opfer nach verborgenem Geld oder verstecktem Schmuck, zog in einzelnen Fällen den Unglücklichen auch die Stiefel aus, um sich zu überzeugen, daß in ihnen oder vielleicht in den Strümpfen nichts versteckt war.

Der Überfall war sehr zügig abgelaufen und zeigte die lange Übung der Wegelagerer. Zum Schluß kam ein junger Mann an die Reihe. Er war sehr gut gekleidet und gab freiwillig her, was er hatte: eine Uhr, eine gut gefüllte Brieftasche und das Geld, das er lose in der Westentasche trug. Bill hatte ihm ins Gesicht geleuchtet, befühlte ihn dann am ganzen Körper und entdeckte auf seinem Rücken noch ein kleines, sorgfältig eingenähtes Paket.

Der Passagier seufzte tief, als er sein Geheimnis verraten sah. Aber jeder Widerstand war sinnlos. Bill entfernte mit raschen Messerschnitten das Jackenteil mit dem verborgenen Schatz. Dabei mußte sich der Bandit etwas bücken; während er das Paket in seine Tasche steckte, rutschte ihm die Maske vom Gesicht.

In diesem Augenblick traf ihn der Strahl der Lampe, und mit halblauter Stimme rief der Überfallene erschrokken aus: „Bill! Um Gottes willen, bist du's wirklich?"

Bill brachte seine heruntergerutschte Maske wieder in Ordnung und sagte dann völlig ruhig: „Tut mir leid um dich, daß du mich erkannt hast, Kamerad." Gleichzeitig zog er seine Pistole aus dem Gürtel, und im nächsten Moment dröhnte ein Schuß durch den Wald. Der unglückliche Passagier brach lautlos zusammen.

„Alle Teufel!" rief Jim überrascht. „Diesen Schuß kann man doch meilenweit hören!"

„Wir sind fertig", sagte Bill ungerührt, griff die Laterne und schob seine Waffe wieder in den Gürtel. „Hier, Bob, trag das! Allein bring ich nicht alles fort. Habt ihr von euren eigenen Sachen auch nichts zurückgelassen?"

„Beim Wagen liegt noch die Spitzhacke!" rief einer.

„Die können sie als Andenken behalten", antwortete der „Trompeter". „Ich will verdammt sein, wenn ich die alte Hacke auch nur einen Schritt weiterschleppe!"

„Gut, also los! Einen schönen Abend noch, meine Herren. Sie können Ihre Reise jetzt ungestört fortsetzen."

Ehe die Überfallenen noch wagten, den Kopf zu heben, waren die Räuber im Wald verschwunden.

Das Lager im Busch

Die Reisenden blieben in einer wenig beneidenswerten Lage zurück. Noch taten den meisten die Glieder von dem Sturz weh. Ausgeplündert, mit einem Verwundeten zwischen sich, der Wagen umgeworfen, die Pferde teilweise entflohen oder in die Riemen verwickelt, der Kutscher noch immer bewußtlos – die Passagiere standen zunächst einmal ratlos da und wußten nicht, was sie tun sollten.

„Sind sie fort?" hörten sie plötzlich eine gedämpfte Stimme.

Als sie sich umdrehten, sahen sie, daß es der Kutscher war, der bis jetzt den Ohnmächtigen gespielt hatte. Der Sturz war wohl ziemlich unsanft für ihn verlaufen, aber sobald er zu sich gekommen war und bemerkt hatte, was hier vor sich ging, hatte er sich passiv verhalten. Das war das beste, was er tun konnte. Die Kutscher wurden bei diesen Überfällen nie belästigt, wenn sie sich nicht zur Wehr setzten. Und da kein Kutscher ein persönliches Interesse an seinen Reisenden und der Fracht hatte, kümmerte es ihn wenig, was mit seinen Passagieren oder mit den Postsachen geschah. Er konnte ja nicht verantwortlich gemacht werden.

Sobald der Kutscher die Bestätigung erhielt, daß die Räuber im Busch verschwunden waren, erhob er sich. Kopfschüttelnd betrachtete er den arg zugerichteten Wagen. Der Verletzte interessierte ihn nicht, es war ja nur ein Passagier. Keiner der Reisenden kannte den

Unglücklichen, der regungslos in einer Blutlache lag. Das matte Mondlicht verriet nur, daß ihm die Kugel in die Brust gedrungen war. Aber er war nicht tot. Ein leises Röcheln zeigte jetzt, daß er dringend Hilfe benötigte. Ein alter Herr mit weißen Haaren kniete sich neben ihn, hob den Kopf auf sein Knie und begann die Wunde zu untersuchen.

Der Kutscher bemühte sich nur um seine Pferde, die aus den verdrehten Gurten befreit werden mußten. Anschließend mußte der Wagen wieder aufgerichtet werden. Glücklicherweise war kein Rad gebrochen. Während er sich mit dem Geschirr abmühte, schimpfte er lauthals über die Schurken, die ihm und seinem Gespann so zugesetzt hatten. Jetzt, da er sicher war, daß sie ihn nicht mehr hören konnten, nahm er kein Blatt vor den Mund.

Während der alte Mann den Verwundeten versorgte, richteten die Passagiere den umgestürzten Karren wieder auf. Nach einiger Zeit war dann ihr Gefährt wieder soweit hergerichtet, daß sie ihre Reise fortsetzen konnten. Von hier aus würden es die beiden zurückgebliebenen Pferde schaffen, den Wagen allein zu ziehen, denn der Weg ging immer bergab.

Der alte Herr verlangte, daß vier Mann den Unglücklichen bis zum nächsten Haus tragen sollten. Er war sicher, daß das Rütteln des Fuhrwerks tödlich für ihn sein mußte. Doch dagegen protestierten die anderen und erklärten, sie hätten heute abend schon genug erlitten. Keiner war bereit, jetzt noch einen Sterbenden stundenlang zu tragen. Die Wunde in der Brust wäre auf alle Fälle tödlich. Man war der Ansicht, daß es das einfachste wäre, den armen Teufel unter einen Baum zu legen und vom nächsten Haus Leute herzuschicken, die ihn begraben oder ihn versorgen konnten. Was kümmerte sie schon der fremde Mensch!

Dem widersprach der alte Herr ganz entschieden: Den Verwundeten hier ohne Hilfe zurückzulassen, wäre ein kaum geringeres Verbrechen als ein Mord. Schließlich erreichte er, daß man den Verletzten mitnahm. So gut es ging, wurde ihm ein bequemer Platz hergerichtet. Der alte Herr nahm ihn in seine Arme und wies den Kutscher an, bis zur nächsten menschlichen Behausung langsam zu fahren; dann setzte sich der Postwagen wieder in Bewegung.

Die Wegelagerer hatten sich in den Wald zu einer ihnen gut bekannten Stelle an einem Berghang zurückgezogen. Hier konnten sie sorglos lagern und ein Feuer anzünden; Lebensmittel und Getränke hatten sie schon am Vortag hierhergebracht. In gehobener Stimmung über den gelungenen Raub versammelten sie sich um das Feuer, um alles Weitere zu besprechen.

Bald brutzelten fette Hammelrippen auf den Kohlen, und eine Rumflasche machte die Runde. Nur der Gedanke an den Mord schien die Stimmung ein wenig zu trüben; schließlich ergriff Jim das Wort.

„Nun sag mir mal, Bill, was über dich gekommen ist, als du den jungen Städter so ohne weiteres niedergeknallt hast. Die ganze Sache ging so schnell und ruhig ab. Ich hab gar nicht verstanden, was eigentlich geschehen ist, obwohl ich dicht neben dir war. Er hat doch gar keinen Widerstand geleistet!"

„Das nicht, aber er hat mich erkannt, und deswegen mußte er sterben", erwiderte der junge Bursche. Er hatte offenbar Mühe, bei diesen Worten ruhig zu bleiben. Sein

Gesicht war totenbleich, und seine Hand zitterte, als er in die Tasche griff. Nervös spielte er mit ein paar Münzen, um sich abzulenken.

„Das ist eine verfluchte Geschichte", brummte der „Trompeter". „Blut ist Blut, und je weniger vergossen wird, um so besser. Das wird ein heilloses Geschrei in der Kolonie geben und die Polizei monatelang in Trab halten!"

„Na, wenn schon", sagte der junge Verbrecher und lachte höhnisch. „Wir alle wissen, wohin wir gehen müssen, damit die uns nicht kriegen. Sobald wir geteilt haben, brechen wir auf. Es müßte doch mit dem Teufel zugehen, wenn sie uns auf die Spur kommen! Ich jedenfalls fürchte die Polizisten nicht."

„Blut ist Blut", knurrte jetzt auch Bob. Dabei kaute er an einer halbgaren Hammelkeule, und das Fett lief ihm aus beiden Mundwinkeln. „Es ist ein widerliches Gefühl, wenn man den Strick über sich weiß!"

„Hört schon auf! Sollte ich ihn vielleicht laufenlassen, damit er nachher in Sydney Lärm schlägt und wir wie Dingos im Wald zu Tode gehetzt werden?"

„Wäre auch nicht gerade angenehm", bestätigte Jim. „Daß dir aber auch der schwarze Lappen vom Gesicht rutschen mußte!"

„Nun ist's geschehen und läßt sich nicht mehr ändern", antwortete Bill trotzig. „Der kann uns jedenfalls nicht verraten."

„Bist du so sicher, daß er tot ist?" erkundigte sich Jenkins, der sich bislang nicht an dem Gespräch beteiligt hatte.

Bill sah ihn rasch an. „Natürlich! Die Ladung muß ihm den Rock verbrannt haben, so nah war ich. Den Schuß kann er keine Minute überlebt haben!"

„Das bringt jetzt auch nichts mehr, ein großes Geschrei zu machen", sagte Jenkins lakonisch. „Sicherheit geht vor, und Bill hat wie ein Mann gehandelt. Ich hätte es genauso gemacht." Mit diesen Worten stach er sein Messer in eines der jetzt durchgebratenen Rippenstücke und begann seine Mahlzeit, als wäre nichts geschehen.

Dann nahm die Teilung der Beute die ganze Aufmerksamkeit der Männer in Anspruch und verdrängte das unangenehme Erlebnis. Sie hatten mehr erbeutet, als sie geahnt hatten. Bill – wie er von den anderen genannt wurde, denn den richtigen Namen kannten sie nicht – hatte das Unternehmen geleitet. Er hatte erfahren, daß an diesem Tag eine bedeutende Summe in barem Geld nach Sydney geschickt werden sollte. Sie befand sich jetzt zusammen mit dem, was sie den Passagieren abgenommen hatten, in den Händen der Räuber. Ihre rauhen Fäuste wühlten mit Behagen in den Goldstücken. Keiner von ihnen hatte in seinem ganzen Leben schon so viel davon auf einem Fleck zusammen gesehen.

„Haha", lachte Jim vergnügt vor sich hin, während er seine Hand in den Haufen Goldstücke schob und die Münzen durch die Finger gleiten ließ. „Das ist die schönste Musik in meinen Ohren! Hol's der Teufel, das kann selbst der Gouverneur nicht!"

Voller Übermut warf er sich auf den ausgebreiteten Schatz und wälzte sich in dem Gold.

„He, Jim!" rief der „Trompeter". „Nimm dich in acht, daß dir nicht aus Versehen ein paar Stücke in die Rocktasche oder in den Kragen rutschen! Hier wird erst mal ehrlich geteilt, dann kannst du machen, was du willst."

„Hast wohl Angst, daß ich mir vorher ein Taschengeld

nehme?" Der Ire lachte. „Keine Sorge, es bleibt genug, um dir die Tage zu versüßen, bis du gehenkt wirst!"

„Hoffentlich nicht vor dir", erwiderte der „Trompeter" ärgerlich.

„Gebt endlich Frieden", knurrte Bill, der sich bis jetzt mit seinen eigenen düsteren Gedanken beschäftigt hatte. „Malt nicht den Teufel an die Wand! Kommt alle her und laßt uns das Geld zählen. Später kann jeder selbst über seinen Anteil wachen."

Dieser Aufforderung kamen die Männer rasch nach. Bill, der bereits einige kleine Pakete für sich in Sicherheit gebracht hatte, warf alles auf eine Decke. Jim und der „Trompeter" zählten, während er beim Schein des Feuers und seiner Laterne die Briefbeutel aufschnitt und die darin enthaltenen Briefe durchsah. Hier und da fand sich eine Banknote, die zu dem anderen Geld gelegt wurde. Die Papiere wurden verbrannt.

Das Teilen war bald vorüber, und als jeder seinen Anteil ins Taschentuch gebunden hatte, legten sich die Männer mit Ausnahme von Bill für ein paar Stunden nieder. Die anderen schnarchten schon, als er immer noch unverändert auf seinem Platz saß und in die verglimmenden Kohlen starrte. Erst als die über die Berghöhen streichende kalte Luft ihn traf, raffte er sich auf und schürte das Feuer wieder an.

Bill legte noch ein paar Scheite nach und ließ sich dann dicht neben dem Feuer nieder. Aber auch jetzt schlief er nicht, sondern hob ab und zu den Kopf, um nach den anderen zu lauschen. Dann stand er wieder auf, warf noch einen raschen Blick auf die Schlafenden und stieg lautlos den Hang hinunter, dem nahen Wald zu.

Das erste Gold

Inzwischen setzte die Postkutsche ihren Weg den Berg hinunter fort. Wie gewöhnlich trieb der Kutscher die Pferde auf diesem Streckenabschnitt zu scharfem Galopp an, um die verlorene Zeit einzuholen. Was interessierte ihn der verwundete Passagier! Doch damit war der alte Herr ganz und gar nicht einverstanden. Mit der einen Hand faßte er die Schulter des Kutschers, während er mit dem anderen Arm den Verwundeten stützte. Dabei schwor er, daß er den Kutscher in Sydney wegen vorsätzlicher Tötung verklagen werde, wenn er nicht sofort im Schritt bis zum nächsten Haus fahren würde. Der Verwundete habe einen der Räuber erkannt, setzte er hinzu, und somit wäre die Chance gegeben, der Bande auf die Spur zu kommen, wenn er am Leben bliebe. Bei schneller Fahrt wäre das aber nicht möglich, und der Kutscher mache sich verdächtig, mit den Mördern zusammenzuarbeiten, wenn er dem Befehl nicht Folge leiste.

Das half. Der Bursche fluchte zwar, aber er wagte es doch nicht, sich der Anweisung zu widersetzen. Nach anderthalb Stunden erreichten sie die erste menschliche Behausung, eine kleine Hütte, die an einem Berghang lag. Hier wurde der Verwundete vom Wagen gehoben; einen weiteren Transport hätte er sicher nicht überlebt.

Der alte Herr stellte fest, daß es sich um eines der üblichen Häuser handelte, die den Reisenden nur Getränke der schlechtesten Qualität anboten. Aber nicht weit davon entfernt lag in einem kleinen, freundlichen Tal die Farm von Mr. Sutton, einem sehr wohlhabenden Herdenbesitzer. Der Aufseher war eben herübergekommen, um die Post abzuholen und einige Briefe aufzugeben. Er stand mit einigen halbbetrunkenen Iren zusammen, die nach Bathurst hinauf wollten, um dort Arbeit zu suchen. Dieser Gruppe gab der Kutscher eine mit kräftigen Flüchen gewürzte Schilderung des Überfalls. Als der Aufseher erfuhr, daß einer der Passagiere schwer verwundet war, sorgte er sofort dafür, daß der Mann zur Farm gebracht wurde. Vier der Leute fanden sich gegen ein gutes Trinkgeld bereit, den armen Kerl hinüberzutragen.

Der alte Herr versprach, von Pendritz aus einen Arzt zu schicken; damit war für den Augenblick alles getan, um den Lebensfunken in dem Unglücklichen zu erhalten. Hier waren auch die Pferde eingefangen worden, die sich von der Postkutsche losgerissen hatten. Zwar vermutete man einen Überfall, aber da die meisten unblutig verliefen, hatte man sich nicht ernsthaft darum gekümmert. Kutscher und Passagiere mußten sich bei solchen Gelegenheiten selbst helfen. Die Buschranger zu verfolgen, wäre sinnlos gewesen – von der Gefahr ganz abgesehen, der man sich unnützerweise dabei aussetzte.

Eine halbe Stunde später rasselte die Postkutsche in aller Eile wieder zu Tal. Auf einer rasch hergerichteten Bahre trugen die vier Männer den Schwerverwundeten nun zur Farm. Wohl in keinem Land der Welt herrschte, besonders vor der Entdeckung des Goldes, eine größere und uneingeschränktere Gastfreundschaft als in Australien. Die Reisenden konnten damit rechnen, in fast jedem Haus aufgenommen zu werden. Zumindest konnte man davon ausgehen, beim Stockkeeper, dem Viehaufseher, ein Nachtquartier zu bekommen. Außerdem bekamen die Reisenden soviel Tee, Hammelrippen und Damper, das australische Brot, vorgesetzt, wie sie nur eben essen konnten.

Die Familie Sutton machte keine Ausnahme von dieser Regel. Kaum hörte sie beim Abendessen von dem Überfall, da richtete man auch schon eines der kleinen Fremdenzimmer her. Eine Stunde später lag der noch immer Bewußtlose mit einem Notverband auf einem Lager, umhegt von den Frauen der Farm. Die Kugel hatte die rechte Brust durchschlagen und war schräg unter dem rechten Schulterblatt wieder ausgetreten. Mehr konnten die Stationsbewohner zunächst nicht erkennen. Jetzt warteten alle auf das Eintreffen des Arztes.

Inzwischen hatte die Kutsche die nächste Farm erreicht, wo die Pferde gewechselt wurden. Hier konnte der alte Herr auch einen Arzt auftreiben. Dann ging es weiter nach Sydney, wo der Wagen am nächsten Tag eintraf. Die Reisenden berichteten nicht nur von dem Überfall, sondern sie brachten auch die ersten Nachrichten von den Goldfunden in den Bergen mit.

„*Gold!*"

„Oben in den Bergen liegt *Gold!*

„Minen gibt es dort, viel reicher, als sie je in Kalifornien gefunden wurden! Schätze, von denen keiner im ganzen Land auch nur zu träumen gewagt hätte!"

„*Gold!* Manche haben ganze Klumpen mitgebracht. Oben in den Bergen liegt es, man braucht es nur aufzuheben."

So und ähnlich ging es bald wie ein Lauffeuer durch die

Stadt. Einer der Reisenden hatte einige Proben dieses körnigen Goldes den gierigen Blicken der Buschranger zu entziehen gewußt und zeigte sie nun herum. Das bestätigte die Meldung, die der Gouverneur schon vor einiger Zeit von anderer Seite gehört hatte. Die königliche Post war in den Bergen überfallen, die Briefe geraubt, ein halbes Dutzend der Passagiere umgebracht worden – wen kümmerte das jetzt noch? Wer dachte noch daran? Oben in den Bergen lag Gold! Als ob ein Telegrafendraht alle Wohnungen Sydneys miteinander verbunden hätte, sprach man an diesem Abend von nichts anderem.

Und wie sah Sydney am nächsten Morgen aus? Sonst begann das Geschäftsleben der immer rührigen und tätigen Stadt gewöhnlich um acht oder halb neun Uhr morgens. Größere Geschäfte wurden selten vor zehn oder elf Uhr geöffnet. Heute jedoch dämmerte es kaum, als sich schon die Haustüren öffneten und Leute, zur Reise gerüstet, heraustraten. Sie beluden die bereitgestellten Fuhrwerke, Pferde und Drays, die Güterkarren, mit Proviant und Handwerkszeug. Viele hatten das schon in der Nacht erledigt und holperten mit ihren Fahrzeugen bereits über das Pflaster, gefolgt von neidischen Blicken. Arbeiter waren für Beschäftigungen am Ort nicht mehr zu bekommen, denn wer wollte noch für zwei oder drei Schilling den Tag arbeiten, wenn er in den Bergen vielleicht in einer Stunde ebenso viele Pfund Sterling aufsammeln konnte? Viele kleine Läden blieben geschlossen. Die Eigentümer rüsteten sich entweder zum Aufbruch oder überlegten noch, was jetzt das Beste sei.

Gold! Dieser Ruf riß ganze Scharen mit sich, trennte Familien, ging durch alle Schichten und ließ die Zögernden nicht mehr ruhig schlafen. Jeder Trupp, der jetzt losmarschierte, nahm ihnen einen Platz weg, redeten sich viele ein. Die Folgen blieben nicht aus: Alle Lebensmittel wurden teurer, und das nicht von Tag zu Tag, sondern von Stunde zu Stunde. Drays oder andere Fuhrwerke konnte man kaum noch bekommen. Spitzhacken, Schaufeln und große Blechpfannen waren plötzlich gefragte Artikel geworden. Auch die Mode- und Schnittwarenhandlungen änderten ihre Schaufensterauslagen. Wer wollte jetzt noch Seiden- oder Taftkleider kaufen? Rote wollene Hemden, schokoladenfarbene Minerhüte, hohe Wasserstiefel und wasserdichte Mäntel wurden verlangt. Wo sonst hinter Spiegelglasscheiben zarte, rosafarbene Bänder und künstliche Blumen die Hüte geziert hatten, hingen jetzt Tabaksbeutel aus roter oder blauer Wolle, kurze Holz- und Tonpfeifen, kleine Ledersäcke, Revolver und Buschmesser, um den gewonnenen Reichtum zu verteidigen. Statt des üblichen Grußes rief man sich auf der Straße zu: „Noch hier?" oder „Wann brecht ihr denn auf?" Gerüchte durchliefen die Stadt und reizten die Bevölkerung zu derben Flüchen über die Regierung; man munkelte, daß das Gouvernement die Absicht habe, sämtliches Land zum Eigentum der Krone zu erklären und das Graben nach edlen Metallen darauf nicht nur zu verbieten, sondern auch jeden als Dieb zu bestrafen, der sich nicht daran hielt.

Die Bewohner Sydneys hatte ein Rausch erfaßt. Wer davon loskommen wollte, für den gab es nur ein Mittel: den langen, mühseligen Weg in die Berge auf sich zu nehmen und wochenlang die in vielen Fällen nutzlose und harte Arbeit auf kargem Boden zu leisten.

Selbst die reichsten und ehrbarsten Leute der Stadt

hatte dieses Fieber gepackt. Wer von ihnen nicht selbst in die Berge konnte, heuerte Helfer für viel Geld an und rüstete ganze Gesellschaften mit Tonnen von Mehl, Speck, Werkzeugen, Quecksilbermaschinen zum Goldtrennen, Zelten und anderen Buschutensilien aus. Sie vertrauten darauf, daß die Goldsucher nicht nur für sie arbeiten, sondern auch alles treu abliefern würden.

Am schlimmsten traf diese Abenteuerlust die mit ihren Schiffen in der Bai vor Sydney ankernden Kapitäne. Zu den Matrosen drang das Gerücht von den reichen Goldfunden ebenso rasch wie zu den anderen. Natürlich liefen sie fort, und wenn List und Gewalt angewandt wurden, um sie zu halten, rissen sie mit ebensolcher List und Gewalt aus. Es dauerte kaum drei Tage, und kein einziges Schiff lag mehr mit ausreichender Mannschaft in der Bai. Selbst das Theater in Sydney mußte schließen: Die Schauspieler hatten keine Lust mehr, ihre Zeit mit Komödien – und dazu noch vor leeren Bänken – zu vergeuden. Wer dachte jetzt daran, ein Theater zu besuchen, wenn man alle Hände voll zu tun hatte, um sich für den Marsch zu rüsten!

Noch nie hatte die Polizei so viele vertragsbrüchige Arbeiter aufzuspüren und flüchtige Seeleute zurückzubringen. Aber wie gering war ihr Erfolg trotz des großen Eifers!

Noch waren keine acht Tage vergangen, da sah man nicht mehr nur einzelne Trupps ins Landesinnere ziehen, sondern die Züge der Goldgräber bildeten eine lückenlose Kette. Jetzt hatte die Polizei ganz andere Aufgaben: Sie mußte oben in den Minen die Arbeiten überwachen, damit das Recht der Regierung gewahrt wurde. Es sollte sich schon bald als außerordentlich einträglich erweisen. Jeder Goldsucher mußte nämlich eine monatliche Gebühr von dreißig Schilling bezahlen. Dafür durfte er dann in den Bergen nach edlen Metallen graben und das Gewonnene als rechtmäßiges, wohlerworbenes Eigentum behalten.

Familie Pitt

In der George Street in Sydney stand ein aus dem Sandstein der Gegend gebautes Wohnhaus. Mehlsäcke, Kisten, Ballen und Tonnen wurden eben durch das schmale Hoftor gefahren, und der Herr des Hauses, Mr. Pitt, überwachte eine Warensendung persönlich, die hinauf in die Minen gehen sollte.

Charley Pitt, wie er von seinen Freunden genannt wurde, war das Muster eines australischen Geschäftsmannes und Familienoberhauptes. Sein Vater war als sogenannter Convict, also als Sträfling auf Lebenszeit, nach Australien geschickt worden, weil er in seiner Heimat ein schweres Verbrechen begangen hatte und nun dafür hier büßen sollte. Da er sich aber gut führte, fleißig war und seinen Aufsehern keinen Anlaß zur Klage bot, bekam er sein „Ticket of leave" – den Erlaubnisschein oder Paß –, mit dem er sich in der Kolonie selbständig machen konnte. Er hatte nur eine bestimmte Summe seines Verdienstes abzugeben und stand unter polizeilicher Aufsicht. Auch während dieser Zeit betrug er sich musterhaft. Einmal half er in dem Haus, in dem er arbeitete, einen Anschlag verwegener Buschranger zurückzuschlagen. Daraufhin wurde er begnadigt und „freier Kolonist". Das änderte jedoch wenig an seinem Leben. Er hatte schon ein paar Jahre vorher eine ebenfalls deportierte Frau geheiratet, die ihm einen Sohn gebar und dann starb. Pitt, oder Pumkin, wie er in der Kolonie mit seinem Sträflingsnamen hieß, arbeitete fleißig, erzog seinen Sohn so gut, wie es die Umstände erlaubten, lebte mäßig, wurde ein reicher Mann und konnte den Jungen schließlich zur Ausbildung sogar nach England schicken.

Nach vier Jahren kehrte der junge Charles Pitt in die Kolonie zurück. Er brachte nicht nur sehr gute Zeugnisse, sondern auch eine Frau mit. Von seinem Vater unterstützt, errichtete er in Sydney ein Import- und Exportgeschäft und gehörte bald zu den angesehensten und wohlhabendsten Bürgern der Stadt.

Der alte Pitt aber hatte sich draußen vor der Stadt, in der Nähe des Leuchtturms, ein kleines, schmuckes Haus gebaut. Eine alte Wirtschafterin hielt es in Ordnung. Sein Sohn wünschte allerdings, daß er zu ihm ziehen und seine letzten Tage nicht so allein verbringen sollte. Aber der alte Mann, der aus den ärmsten Schichten der Bevölkerung stammte und in seinem Leben nicht einmal Lesen oder Schreiben gelernt hatte, fühlte, daß er zu den jungen Leuten nicht so recht paßte. Angesichts der vielen neuen, freien Einwanderer, die jetzt nach Australien kamen, wollte er der Stellung seines Sohnes außerdem nicht schaden. Er war deshalb durch nichts zu bewegen, sich bei ihm sehen zu lassen. Allerdings mußten seine Enkel, als sie groß genug waren, ihn immer am Sonntag besuchen. Sie feierten dann im Garten an der wundervollen Bai jedesmal ein kleines Fest.

Charles Pitt hatte drei Kinder. Sein Sohn war achtundzwanzig Jahre, seine Tochter Pauline achtzehn und das jüngste Kind gerade sechs Jahre alt. Zwei Kinder waren früh gestorben.

Das Goldfieber konnte den Geschäftsmann nicht aus der Ruhe bringen. Er sandte weiterhin seine Waren nach Bathurst, wo er schon seit Jahren eine Filiale besaß. Sein Sohn war gerade für ihn dorthin unterwegs.

Die Familie saß beim Frühstück, als rasche Schritte laut wurden. Gleich darauf riß ein junger Mann, der ein rotes Minerhemd, eine offene Jacke aus englischem Leder und mächtige Wasserstiefel trug, die Tür auf und schwenkte seinen kalifornischen Hut.

„Nun? Sehe ich nicht aus wie ein Miner? Kann ich mit Anstand in die Berge abrücken?" rief er aus.

„Mr. Holleck!" rief Pauline und sprang von ihrem Stuhl auf. „Ich habe Sie im ersten Augenblick gar nicht erkannt."

„William! Tatsächlich, er ist es", sagte auch der Vater und schüttelte erstaunt den Kopf. Seine Frau schlug die Hände zusammen. Die kleine Therese aber kletterte von ihrem Stuhl herunter, lief auf den Besucher zu, klatschte vor Freude in die Hände und rief: „Ach, Onkel William geht in die Berge und holt Gold! Mir bringt er auch ein großes Stück mit, nicht wahr?"

Der junge Mann hob die Kleine auf den Arm, streckte Pauline die Hand entgegen und erkundigte sich mit herausforderndem Lachen: „Na, gefalle ich euch so?"

„Nein", antwortete Pauline nach kurzer Pause. Sie betrachtete den Besucher von Kopf bis Fuß und errötete dabei leicht. „Ganz und gar nicht. Sie sehen in Ihren gewöhnlichen Kleidern viel besser aus – viel vernünftiger. Ich kann mit nicht helfen, aber die ganze Welt kommt mir vor, als sei sie wahnsinnig geworden – und als hätte jeder deswegen noch eine besondere Kleidung angezogen."

„Pauline hat schon recht", bemerkte der Vater. „Wenn die Arbeiter und Tagelöhner hinauflaufen und da oben mit Spitzhacke und Schaufel fortsetzen müssen, was sie hier unten mit diesen Werkzeugen angefangen haben, so läßt sich nichts dagegen einwenden. Wer aber sein Brot auf andere Weise verdienen kann, der sollte es sich zweimal überlegen, ob er diesen tollen Streich wagt und in ein Leben hineinspringt, dem er nicht gewachsen ist und das er nur zu bald satt bekommen muß."

„Aber Mr. Holleck wird doch nicht selber graben und waschen wollen", sagte die Mutter lächelnd. „Er denkt bestimmt gar nicht daran."

„Die Mutter ist die einzig Vernünftige in der ganzen Gesellschaft", antwortete der junge Mann und lachte übermütig. „Aber, Papa Pitt, Sie glauben wohl, ich wäre so verrückt geworden, mich da oben in die Berge zu setzen und Löcher in den Erdboden zu hacken – und Miß Pitt ebenfalls? Das ist doch ein starkes Stück!"

„Nun, junger Freund", unterbrach ihn der Vater mit ernster Miene, „ich denke, ähnliche Beispiele hätten wir in diesen Tagen gerade genug, um ein solches Vorhaben für wahrscheinlich zu halten. Als ein Anzeichen dafür können doch wohl ein rotwollenes Hemd und Wasserstiefel gelten, oder? Wenn Sie aber nicht in die Berge wollen, wozu dann die Maskerade?"

„In die Berge will ich schon", entgegnete der junge Mann und stellte das Kind wieder auf die Füße. Dann setzte er sich ohne weiteres an den Tisch. „Aber ich will mir nur das Leben dort oben einmal ansehen, ohne zu hacken oder zu graben."

„Läßt Sie Ihr Vorgesetzter denn so lange fort?" erkundigte sich Mr. Pitt. „Ich dachte, daß es jetzt hier so viel Arbeit gibt, daß man niemanden entbehren kann. Ich jedenfalls könnte keinem meiner Leute einen achttägigen Urlaub geben."

„Ich bin längst aus dem Geschäft ausgetreten", antwortete der junge Holleck gleichgültig, während er sich aus der Zinnbüchse mit Sardinen bediente.

„Tatsächlich?" erkundigte sich Mr. Pitt erstaunt.

„Jetzt ist es Zeit, hier in Australien etwas selbständig zu unternehmen," fuhr Holleck fort. „Mit dem Seefahrerleben, das ich zuerst versucht hatte, ging es nicht. Meine Existenz als schlecht bezahlter Angestellter in einem

Laden war ebenfalls langweilig und nicht gerade das, was ich wollte. Und da jetzt meine lang erwarteten Wechsel aus der Heimat eingetroffen sind, habe ich mich rasch entschlossen und werde endlich mein eigener Herr. Nun kann ich mir die Minen ansehen. Nachher werde ich entscheiden, ob ich meine neue Tätigkeit dort an der Quelle oder hier beginne. Aber wo ist denn eigentlich Charley? Immer noch oben in Bathurst?"

„Gott weiß es", seufzte die Mutter. „Er kommt nicht zurück und schreibt auch nicht. Da oben scheint wirklich alles den Kopf zu verlieren bei dem Gedanken an Gold."

„Er wird in den Minen sein", sagte Holleck.

„Vermutlich", stimmte Mr. Pitt zu. „Allerdings wollte er schon vor etwa acht Tagen zurückkommen, aber die Post wurde damals überfallen, und selbst wenn er geschrieben haben sollte, so sind doch alle Briefbeutel abhanden gekommen, und wir wissen nichts von ihm."

„Wenn er nur nicht selber dabei war!" Man sah es der Mutter an, daß sie sich alle Mühe gab, gefaßt zu bleiben. „Es soll ja einer der Passagiere erschossen worden sein."

„Hat man denn darüber nichts Näheres erfahren?" fragte Holleck.

„Du lieber Gott! Die Mutter ängstigt sich wegen eines Gerüchtes", erwiderte Mr. Pitt. „Es hieß allerdings zuerst, drei oder vier Reisende seien umgekommen. Aber wie das meistens so ist – alle Vermißten meldeten sich. Zuletzt sprach man nur noch von einem. Aber selbst das glaube ich nicht. Denn Blut vergießen die Buschranger ungern und selten. Von den Passagieren war auch nichts zu erfahren. Die Leute hatten von den Goldminen erzählt, und das verdrängte am nächsten Morgen jedes andere Interesse. Damit dürfte auch der Überfall auf die königliche Post kaum von den Behörden beachtet und wohl auch kaum ernsthaft verfolgt worden sein. Die Schufte hätten für ihren Plan keinen günstigeren Augenblick wählen können, denn ich glaube nicht einmal, daß ihnen auch nur ein Polizist nachgeschickt wurde."

„Und von Charley haben Sie seit der Zeit keine Nachricht?"

„Keine! Vorgestern schrieb ich noch einmal nach Bathurst, und wenn dort nicht auch alle davongelaufen sind, hoffe ich, übermorgen Nachricht zu bekommen."

„Sonderbar, er ist doch sonst so pünktlich", sagte Holleck, während er den Teller zurückschob. „Nun, ich will ja jetzt selber hinauf und kann mich dabei gleich nach ihm erkundigen."

„Und dann schreiben Sie uns sofort, ja?" erkundigte sich die besorgte Mutter.

Holleck versprach ihr das und versuchte, sie zu beruhigen. „Jetzt denkt doch keiner ans Briefeschreiben. Ich bin sicher, er hat da oben alle Hände voll zu tun."

„Wie wollen Sie denn in die Minen gelangen, Mr. Holleck? Etwa mit dem Pferd?" wollte Mr. Pitt wissen.

„Ich fahre mit der Mail."

„Mit der Mail? Ich dachte, man müßte sich sechs oder acht Tage vorher einschreiben lassen, nur um einen Platz zu bekommen?"

„Ich hatte Glück, ein Passagier sagte ab, gerade als ich im Büro war, und so konnte ich seinen Platz gleich übernehmen."

Mr. Pitt stand jetzt auf und verabschiedete sich. Er mußte noch zu einem Kapitän, der eine Ladung für ihn nach Neuseeland bringen wollte. Er war nämlich einer der wenigen, die noch eine vollständige Mannschaft besaßen.

Als Pitt die Tür hinter sich zugezogen hatte, erkundigte sich Mrs. Pitt, ob Holleck ihr einen Brief für Charley mitnehmen würde. Er nickte, und die besorgte Mutter verließ den Raum, um schnell ein paar Zeilen zu schreiben. So blieb Holleck mit Pauline und der kleinen Therese allein am Tisch zurück.

„Werden Sie lange in den Minen bleiben, Mr. Holleck?" erkundigte sich Pauline.

„Wenn es von mir abhinge, Miss Pitt, so ginge ich gar nicht fort", antwortete der junge Mann.

„Und wer oder was zwingt Sie?" fragte das junge Mädchen und lächelte.

„Das Leben selbst", erwiderte Holleck ernst. „Ich muß mir eine Existenz aufbauen. Zu lange schon habe ich mich nutz- und zwecklos in der Welt herumgetrieben. Es wird Zeit, daß ich endlich mein eigener Herr werde."

„Ließe sich das denn in Sydney nicht ebenso leicht erreichen?"

„Vielleicht, aber keinesfalls so schnell, denn die, die da oben an der Quelle sitzen, ziehen den größten und schnellsten Nutzen aus dem Gold, das in den nächsten Monaten gefunden wird."

„Glauben Sie wirklich, daß in den Bergen so viel Gold liegt?"

„Ja, nach allem, was ich darüber gehört und davon gesehen habe. Und wenn mir dann meine Arbeit gelingt – wenn ich dann den Vater überzeugen kann..."

„Der Vater glaubt noch immer nicht an die Gerüchte, die jetzt in der Stadt zu hören sind", unterbrach ihn Pauline, und ein bängliches Gefühl ließ sie schwer atmen. „Er wird Ihnen gewiß dankbar sein, wenn Sie ihm sichere

Kunde von da oben bringen können."

„Und was wird die Tochter tun?" fragte Holleck leise.

„Wer? Ich?" entgegnete sie verwirrt. „Na, gewiß würde ich mich freuen, wenn Sie – wenn Sie Glück in den Bergen hätten. Aber... es ist ein wildes Land und... nicht jeder fühlt sich da oben wohl."

„Wenn ich dann vor Pauline hinträte", fuhr Holleck eindringlich fort, „wenn ich sie dann fragen würde, ob sie..."

„Da kommt schon die Mutter mit dem Brief!" rief Pauline, als sie eine Tür klappen hörte. Dabei war ihr, als würde ihr eine schwere Last abgenommen.

Holleck sprang tief errötet auf. Aber es blieb keine Zeit, den unterbrochenen Heiratsantrag fortzusetzen. Im selben Augenblick ging die Tür auf, und Mrs. Pitt trat mit dem Brief in der Hand ein. „Es sind wirklich nur ein paar Zeilen."

„Er soll pünktlich besorgt werden", versicherte Holleck verlegen und legte den Brief in sein Notizbuch.

„Sie wollen wirklich schon fort?"

„Es ist gleich zwei Uhr, ich werde kaum noch eine halbe Stunde für mich haben."

„Also, nochmals die herzlichsten Grüße an Charley, und er soll sofort schreiben, oder, noch besser, gleich kommen. Der Vater hat hier genug Arbeit für ihn", sagte Pauline.

„Good bye, mein kleines Schätzchen", sagte Holleck und hob die kleine Therese hoch. „Hast du auch etwas an Bruder Charley zu bestellen?"

„Er soll sich vor den bösen Buschrangern in acht nehmen und sie alle totschießen!" rief die Kleine.

Holleck küßte sie auf die Stirn und setzte sie wieder

auf den Boden.

„Leben Sie wohl, Pauline, hoffentlich kehr ich bald und mit guten Zukunftsaussichten zurück. Leben Sie wohl, Mrs. Pitt!" Mit diesen Worten griff er nach seinem Hut und verließ rasch das Zimmer.

„Wie komisch Mr. Holleck heute war", bemerkte die Mutter, kaum daß er den Raum verlassen hatte. „Kam er dir nicht auch verändert vor?"

„Ich weiß nicht, Mutter", erwiderte Pauline und war froh, daß die Mutter in diesem Augenblick am Fenster stand und hinaussah. „Es ist mir nichts Besonderes an ihm aufgefallen. War es vielleicht die ungewohnte Kleidung?"

„Ja, das könnte sein", antwortete Mrs. Pitt. „Aber er war so unruhig, so verstört. Nun komm doch mal ans Fenster und sieh dir an, wie viele Leute in die Berge hinaufziehen! Drei, vier, fünf Karren hintereinander mit schwerem Handwerkszeug. Was es da wieder an Mord und Totschlag des Goldes wegen geben wird! Ach, ich wünschte, Charley wäre hier. Mir ist das Herz so schwer."

Sie setzte sich auf das Sofa und stützte gedankenvoll den Kopf in die Hand. Pauline saß eine Weile schweigend am Nähtisch, als plötzlich schwere Schritte auf der Treppe zu hören waren. Eine fremde Stimme erkundigte sich draußen: „Ist Mr. Pitt zu Hause?"

Die Mutter fuhr empor, denn sie war in Gedanken nur mit dem Sohn beschäftigt und bezog alles auf ihn. Ehe draußen wieder etwas gesagt wurde, hatte sie schon die Tür geöffnet. Aber der Mann brachte keine Nachricht aus den Bergen; es war der Kapitän, der mit einer Ladung Mehl aus Valparaiso eingetroffen war. Jetzt wollte er die neue Ladung für Neuseeland mit Mr. Pitt besprechen.

„Guten Morgen, Kapitän Becker. Treten Sie doch näher. Ich höre meinen Mann auf der Treppe", sagte Mrs. Pitt einladend.

„Hallo, Becker!" rief Mr. Pitt schon aus dem Treppenhaus. „Was bringen Sie uns Gutes?"

„Verdammt wenig, Sir", antwortete der Kapitän. „Die ganze Mannschaft ist zum Teufel!"

„Was? Alle Mann?"

„Ja, wenn ich's sage. Selbst der lumpige Schiffsjunge und der Koch sind mir durch die Lappen gegangen. Nur der Steward ist außer mir noch geblieben."

Trotz dieser Nachricht mußte Mr. Pitt lachen. „Das habe ich mir schon gedacht. Warum sollte es uns besser gehen als den anderen? Mich wundert nur, daß sie so lange geblieben sind. Die anderen Mannschaften sind schon lange davongelaufen."

„Soll ich mich wohl noch bei den Schuften bedanken, daß sie sich die wenigen Tage, an denen nichts zu tun war, durchfüttern ließen?" brummte der Kapitän. „Aber inzwischen ist die gesamte Wasserpolizei hinter ihnen her. Auch ich bin schon den ganzen Tag auf den Beinen und habe nichts unversucht gelassen, sie wiederzubekommen."

„Na, da wird wenig zu machen sein." Mr. Pitt lachte. „Ist denn Ihr erster Steuermann auch abgehauen?"

„Nein, der lag Gott sei Dank im Krankenhaus", antwortete der Kapitän. „Inzwischen geht es ihm jedoch besser. Er will heute die Wasserpolizei bei der Suche unterstützen. Aber was fange ich jetzt an? Neue Seeleute findet man nicht, alle zieht es ja in die Berge! Eine verrückte Sache!"

„Tja, Kapitän, dann bleibt Ihnen wohl nichts anderes

übrig, als ebenfalls in die Minen zu gehen und Ihr Glück da oben zu versuchen. Der Kapitän der *Delphin* ist mit seinen beiden Steuerleuten auch schon dort."

„Hm", brummte der Kapitän verlegen. „Hübsche Beschäftigung, oben in den Bergen nach Gold zu buddeln und hier in der Bai sein Schiff von Würmern zerfressen zu lassen!"

„Nun, ich sage ja nicht, daß Sie nach Gold graben sollen. Aber da oben finden Sie Ihre Mannschaft bestimmt. Vielleicht können Sie auch Männer anheuern, die nichts gefunden haben und froh sind, wenn sie wieder einen Job bekommen. Erst mal wollen wir jedoch sehen, was die Wasserpolizei erreicht. Haben Sie eine Belohnung ausgesetzt?"

„Ja, fünf Pfund Sterling pro Kopf, und für den Schiffsjungen ein Pfund extra."

„Wieso für den mehr?"

„Weil ich mir für den noch etwas Besonderes ausgedacht habe. Er bekommt eine Tracht Prügel, die er nicht vergessen wird. Ich würde zwei Pfund geben, wenn ich ihn sofort zwischen den Fingern hätte."

Mr. Pitt lachte wieder. Er war nicht besonders erbost über diese Nachricht. Obwohl es ihm einen Strich durch die Rechnung machte, hatte er doch das Fortlaufen der Mannschaften vorausgeahnt und in seine Kalkulationen mit einbezogen. Er wußte, daß er ebenso wie alle anderen Geschäftsleute darunter leiden mußte.

In die Minen

In den nächsten Stunden begann ein wildes Rennen auf alle möglichen Geräte, die zum Goldgraben geeignet waren. Außerdem suchte man nach Männern, die das unwegsame Land kannten. Besonderes Gewicht hatte der Beiname „Kalifornier". Wer diese ehrenvolle Bezeichnung trug, bot für viele eine gewisse Garantie dafür, daß er sich mit Goldfunden auskannte. Schnell bildeten sich um diese Leute Gruppen, die ihrem Führer große Belohnungen versprachen und dann, oft völlig ungenü-

gend ausgerüstet, in die Berge aufbrachen.

In Sydney lebte zu dieser Zeit ein deutscher Mechaniker mit Namen Zachäus. Er galt als ausgesprochen geschickt und wäre sicher bald auch sehr wohlhabend geworden, wenn er nicht alles Geld in Erfindungen gesteckt hätte, die ihm aber nichts einbrachten. Kaum sprach man von Gold, da erfand er auch schon eine Maschine zum Goldwaschen. Sie sollte einfach zu bedienen sein und trotzdem auch den kleinsten Goldkrümel aus der Erde herauswaschen. Mit dieser Maschine wollte Zachäus selbst in die Minen.

Die einzigen Stillen im Lande waren zu dieser Zeit die Gefangenen im Stadtgefängnis. Als der Wärter ihnen von der Aufregung, die immer mehr Menschen ergriff, erzählte, lachte ein alter Schäfer höhnisch auf.

„Endlich sind diese Holzköpfe auch dahintergekommen", sagte er verächtlich.

„Was soll das heißen?" erkundigte sich der Wärter. „Du hast wohl schon lange davon gewußt?"

„Allerdings", antwortete der Alte. „Und wenn man mich herausließe, würde ich meine Schulden in kurzer Zeit mit bestem Gold bezahlen!"

Der Wärter glaubte zunächst an Prahlerei, aber der Schäfer antwortete auf keine weitere Frage mehr und sagte nur noch: „Warte, bis ich wieder draußen bin!"

Innerhalb von drei Tagen war das Gerücht durch die Stadt gelaufen, daß ein Schäfer wegen seiner Schulden im Gefängnis säße, aber in den Bergen die Goldfundorte kennen würde. Andere, längst vergilbte Gerüchte tauchten auf, die sich auf die Zeit vor der Entdeckung des Goldes bezogen. Damals war Australien hauptsächlich von Sträflingen besiedelt, die in Kolonien lebten. Eines

Tages war einer von ihnen mit einem Stück Gold von mehreren Unzen Gewicht zu einem Goldschmied gekommen und wurde sofort festgenommen. Er behauptete, daß er das Gold in den Bergen zwischen Steinen gefunden hätte. Niemand glaubte ihm, und zur Strafe wurde er ausgepeitscht und soll unter den Schlägen gestorben sein. Sydney war zu dieser Zeit nur allzu empfänglich für solche Erzählungen. Der alte Schäfer war jetzt eine wichtige Persönlichkeit, zu wichtig, um länger in einer Zelle zu sitzen... Eines Abends kam der Wärter an seine Zellentür. „He, Smith! Es ist vornehmer Besuch draußen, der dich sprechen will. Zieh deine Jacke über, damit du die Herren richtig empfangen kannst!"

„Wer mich sprechen will, kann in Hemdsärmeln kommen. Ich bin nicht stolz, und was die Swells (die Städter) betrifft, so sollen sie sich davonscheren, und zwar so schnell wie möglich. Einem armen Teufel bringt es wenig Gutes, wenn er sich mit ihnen einläßt."

„Es ist bestimmt wegen des Goldes", meinte der Wärter. Der Alte gab aber keine Antwort. Bald darauf öffnete sich die Tür wieder, und zwei Männer, die nach der neuesten Mode gekleidet waren, mit Zylindern und glänzenden Stiefeln, kamen herein.

„Guten Abend, Smith", begrüßte ihn der eine.

„Guten Abend", kam es kurz zurück. Der Schäfer blieb abwartend sitzen.

„Sind Sie der Smith, der lange oben in den Bergen bei Bathurst gelebt hat und einmal Schäfer bei Mr. Wentwirth war?"

„Und wenn?"

„Dann sind Sie es auch, der dort oben Gold gefunden hat?"

Smith hielt es nicht für nötig, darauf etwas zu erwidern.

„Also, um es kurz zu sagen, wir wollen Ihnen einen Vorschlag machen", begann jetzt der andere. „Wir sind entschlossen, in die Minen zu gehen und nach Gold zu suchen. Wir haben Vertrauen zu Ihnen und glauben, daß Sie Stellen kennen, an denen wir nicht lange zu suchen brauchen. Wir wollen Ihre Schulden bezahlen und Sie bei freier Verpflegung mit in die Berge nehmen. Bei entsprechendem Anteil am Gewinn sollten Sie mit uns zusammenarbeiten."

„Lebensmittel frei?" erkundigte sich der alte Schäfer.

„Alles."

„Und Brandy?"

„Ebenfalls."

„Und für alle den gleichen Anteil?"

„Wie ich es gesagt habe."

Der Alte schwieg eine Weile und klopfte mit dem Fuß auf den Boden. Endlich sagte er: „Topp! Wann kann die Reise losgehen?"

„Morgen früh. Wir haben schon alles vorbereitet, bis zehn Uhr können wir Ihre Entlassung erledigen. Heute ist es schon zu spät dafür. Einen warmen Anzug und Decken bekommen Sie von uns. Um zwölf Uhr können wir schon unterwegs sein."

„Bei Gott, dann hört dieses Hundeleben hier endlich auf!" rief der Schäfer erleichtert aus.

„Es bleibt also dabei?"

„Ich habe topp gesagt, und das gilt!"

„Schön. Als Handgeld habe ich übrigens eine Flasche Brandy mitgebracht."

„Das ist ein vernünftiges Wort!" sagte der Schäfer und langte gierig nach der Flasche.

Die beiden Männer verabschiedeten sich.

Am nächsten Morgen ging es jedoch nicht so schnell, wie sie gehofft hatten. Um ganz sicherzugehen, hatten sie auch Zachäus mit seiner neuen Goldwaschmaschine engagiert. Zachäus hatte nun so viel zu erledigen und zu besorgen, daß es vier Uhr wurde, ehe sich der Zug in Bewegung setzen konnte. Bald schloß sich ihr Karren anderen an, die die George Street entlangrollten, dem goldenen Ziel entgegen.

Am Abend zuvor war ein Schiff von den Sandwichinseln eingelaufen. Der junge deutsche Baron von Hafften, der als einziger Passagier an Land ging, hörte bald von den neu entdeckten Schätzen Australiens. In den Minen Kaliforniens hatte er lange vergeblich nach Gold gesucht und dabei in den Bergen ein wildes, abenteuerliches Leben geführt. So war er rasch entschlossen, auch hier sein Glück zu versuchen.

Sein Gepäck konnte der Baron in Sydney lassen, denn er brachte von Honolulu ein Empfehlungsschreiben an Mr. Pitt mit.

Der Kaufmann lud ihn zum Abendessen ein und wollte ihm dabei seinen Plan ausreden. Aber von Hafften ließ sich so schnell nicht von seinem einmal gefaßten Entschluß abbringen. Schon am nächsten Tag wollte er aufbrechen. Mr. Pitt eröffnete ihm ein Kreditkonto in Bathurst, und so konnte er alles Notwendige dort in seinem Geschäft kaufen. Der junge Baron war ein charmanter Unterhalter und verscheuchte schnell Mrs. Pitts trübe Gedanken. Er setzte sich ans Klavier und ließ Pauline und Therese zusammen tanzen. Dann mußte sich

Pauline hinsetzen, und er tanzte mit dem Kind.

Um neun Uhr erschien Kapitän Becker und brachte eine riesige Ziehharmonika mit. Jetzt spielte er auf, und von Hafften tanzte mit Pauline. Dabei störte es niemanden, daß der Kapitän oft danebengriff und keinerlei musikalisches Gefühl zeigte.

Am nächsten Morgen traf von Hafften seine Vorbereitungen zum Abmarsch. Auf einem Karren konnte er seine wenigen Gepäckstücke leicht unterbringen. Er selbst wollte mit der Post fahren, aber die Kutsche war bereits überbelegt. Pferde waren im Preis enorm gestiegen, und man wies ihn auch auf die Schwierigkeiten hin, die er mit dem Pferdefutter haben würde. Also entschloß er sich, zu Fuß aufzubrechen. Einen Revolver im Gürtel, einen kräftigen Stock in der Hand – so zog er unbekümmert die Straße hinunter.

Zwei oder drei Meilen von Sydney entfernt überholte er einen anderen Fußgänger. Von Hafften hatte sich bewußt von den anderen Trupps ferngehalten, denn viele der Männer grölten und fluchten schon angetrunken. Auch an diesem Mann wollte er mit kurzem Gruß vorbei, ging dann jedoch unwillkürlich langsamer und ließ sich wieder überholen. Der einsame Wanderer war schlank, fast schmächtig, hatte bleiche Gesichtszüge, große schwarze Augen und dunkelbraune, lange Haare. Er trug nicht die übliche Kleidung der Miner, also kein Wollhemd, keine Wasserstiefel und keinen der kalifornischen Hüte, sondern war wie ein Städter gekleidet mit einem Seidenhut, einem Regenschirm, und auf dem Rücken trug er einen kleinen Tornister. Was wollte ein Mensch in diesem Aufzug in den Minen? Von Hafften beschloß, eine Unterhaltung mit ihm anzufangen.

„Wir haben *ein* Ziel?" erkundigte er sich in englischer Sprache.

„Wie alle Menschen", erwiderte der junge Mann freundlich. „Ein Ziel, das der eine leichter, der andere mit etwas größerer Mühe erreicht – aber ankommen werden wir alle."

„Ich meinte eigentlich nicht das letzte Ziel", sagte von Hafften und lächelte dabei. „Aber auch unser nächstes Ziel scheint dasselbe zu sein. Allem Anschein nach ziehen Sie doch ebenfalls in diese fabelhaften Berge und sind auf Abenteuer aus. Wenn aber nicht, so wollen Sie doch sicherlich, wie auch ich, den Platz einmal näher betrachten!"

„Ich wohne schon seit vielen Jahren oben in Bathurst und habe alle Berge in sämtliche Richtungen durchwandert."

„Tatsächlich!" rief von Hafften aus. „Und Sie hatten keine Ahnung, daß sie so reiche Schätze bergen?"

„Wer hat je daran gezweifelt?" erwiderte der junge Mann. „Manches Geheimnis liegt noch tief in ihrem Schoß verborgen, aber daß gierige Menschen je in solchen Massen mit Schaufeln und Hacken ausströmen würden, um sie zu durchwühlen, das hätte ich nicht gedacht."

„Aha. Sie gehören also nicht dazu?"

„Ich bestimmt nicht. Ich ziehe zwar mit hinauf, aber nicht, um dort oben zu graben. Was ich brauche, das habe ich. Aber es ist immer interessant, die Leidenschaften der Menschen zu beobachten. Toben sie nicht wie ein angeschwollener Bergstrom an uns vorüber?"

„Es ist doch sehr verführerisch", sagte Baron von Hafften lachend. „Dabei ist es auch einem Spiel wie dem Hasard nicht unähnlich. Man muß Fischblut in den Adern haben, wenn man ruhig daneben stehenbleiben will. Ich habe es schon in Kalifornien mitgemacht und möchte nicht beschwören, daß ich mich hier nicht wieder verleiten lasse."

Sein Begleiter lächelte leise und verächtlich vor sich hin und sagte dann: „Ich bin sicher – Gold hat für mich nie einen Reiz gehabt und könnte ihn auch nicht haben, zumal noch die schwere, ungewohnte Arbeit dazukommt. Na, lassen wir das. Man redet ja schon von nichts anderem mehr."

„Aber hier oben in den Bergen wird es kaum anders sein. Gold ist das Zauberwort, das überall herumgeistert."

„In den Bergen kann ich allein sein, ich kenne Stellen und Schluchten, in die niemals jemand kommt. Reden wir lieber von anderen Dingen. Erzählen Sie mir von Kalifornien – oder nein, besser nicht, denn auch dort spielt Gold eine so große Rolle. Erzählen Sie mir von Deutschland. Es ist lange her, daß ich von dort gehört habe...", setzte er mit einem Seufzer hinzu.

„Waren Sie schon einmal dort?"

„Ich bin Deutscher", erwiderte der junge Mann.

„Tatsächlich? Das hört man aber Ihrer Aussprache nicht an. Sie leben wohl schon lange hier?"

„Ja, seit zehn Jahren."

„Das ist natürlich etwas anderes. Dann kann unsere Unterhaltung uns beiden Nutzen bringen. Lassen Sie uns Deutsch sprechen."

Familie Sutton

Der bei dem Überfall verwundete Passagier wurde auf der Farm der Familie Sutton bestens versorgt und gepflegt. Mr. Sutton war ein schon älterer Herr, der erst spät geheiratet hatte. Seine beiden Kinder, ein Sohn und eine Tochter, waren schon erwachsen. Seine Farm konnte er immer weiter ausbauen, und bald hatte er genügend Land urbar gemacht. Neben einigen Rinderherden besaß er auch eine Pferdezucht. Seine etwas kränkliche Frau konnte in diesem großen Betrieb nicht allzuviel helfen, und so mußte Rebecca, die achtzehnjährige Tochter, mit einer jungen Wirtschafterin zusammen die Farm führen. Miß Gertrud, die Wirtschafterin, war gerade zweiundzwanzig Jahre alt. Mit einer Einwanderergruppe war sie nach Australien gekommen und hatte zunächst als Gouvernante gearbeitet, ehe sie zu den Suttons kam. Im Gegensatz zu der fast zarten Tochter der Familie war sie kräftig, hatte ein hübsches Gesicht und wundervoll langes, kastanienbraunes Haar. Rebecca, die wegen ihrer blonden Haare und blauen Augen viel verträumter wirkte, half ihr bei den täglichen Arbeiten nach Kräften.

Als der Verwundete zur Farm gebracht worden war, übernahm Gertrud sofort die Pflege. Sie richtete das Zimmer her, sah nach seinem Verband und stillte bis zum Eintreffen des Arztes die Blutung. Noch in derselben Nacht kam der Arzt und untersuchte den Verletzten. Er machte dabei ein bedenkliches Gesicht.

„Die Kugel hat eine gefährliche Bahn gezogen", sagte er

dabei und wies auf die tiefe Verletzung.

„Wird er überleben, Doktor?" erkundigte sich Gertrud besorgt.

„Das kann ich nicht mit Sicherheit sagen, es hängt von seiner Gesamtverfassung ab und davon, wie er das Fieber überwindet. Hat er Verwandte in der Nähe?"

„Wir haben seine Kleidung bereits durchsucht, aber er hat nichts mehr bei sich, keinen Brief, keinen Ausweis. Diese elenden Buschranger haben ihm alles abgenommen."

„Wir müssen abwarten, bis er in der Lage ist zu sprechen. Ich werde so oft nach ihm sehen, wie ich nur kann." Damit verabschiedete sich der Arzt.

Der Verwundete lag die nächsten sieben Tage völlig bewußtlos im Bett. In dieser Zeit flößte ihm Gertrud hin und wieder mit einem Löffel Suppe ein. Am achten Tag schlug er die Augen auf und sah seine Pflegerin an, die sich gerade über ihn gebeugt hatte. Dann schloß er seine Augen wieder. Gertrud stellte ihm mehrere Fragen, aber der Mann war wieder in tiefe Bewußtlosigkeit gesunken.

Am Nachmittag kam der Arzt noch einmal vorbei und untersuchte den Patienten erneut. „Na, das sieht ja schon ganz gut aus!" sagte er zu dem eben eintretenden Mr. Sutton.

„Hat er eine Überlebenschance?"

„Ich glaube schon, Mr. Sutton. Er ist kräftig genug, und die schlimmsten Fieberanfälle hat er bereits überstanden."

In der Nacht meldete die Nachtwache, die immer am Bett des Verwundeten saß, daß er wieder zu Bewußtsein gekommen wäre.

Gertrud zog sich rasch an und ging hinüber. Der

Verwundete lag mit bleichem Gesicht auf seinem Lager.

„Gott sei Dank, Sie sind wieder erwacht. Möchten Sie etwas haben, vielleicht etwas zu trinken oder zu essen?"

Statt einer Antwort streckte er ihr nur seine abgemagerte Hand hin, und bald darauf war er wieder eingeschlafen. Damit war wohl die schlimmste Krise überwunden, denn bereits bei Tagesanbruch war er wieder wach und blickte sich suchend nach seiner Pflegerin um. Da betrat Gertrud den Raum und wurde von ihm freudig begrüßt.

„Ich freue mich, daß Sie wieder munterer sind!" rief Gertrud. „Jetzt wird es rasch besser werden. Aber schonen müssen Sie sich noch, und kein Wort mehr, als Ihnen der Arzt gestattet."

Mit kaum hörbarer Stimme erkundigte sich der Kranke: „Was ist mit mir geschehen?"

„Keine Fragen jetzt! Sie dürfen sich nicht aufregen, sondern Sie müssen still liegen, bis der Arzt wieder dagewesen ist. Ich werde Ihnen jetzt etwas zu essen machen."

Eine halbe Stunde später kehrte sie mit Mr. Sutton zurück, und der alte Herr setzte sich neben den Kranken aufs Bett.

„Mein lieber junger Freund, ich kann mir wohl denken, daß Sie viele Fragen haben und nicht wissen, wo Sie sind. Sie befinden sich auf der Farm, die English Bottom genannt wird. Kennen Sie diesen Ort? Sie brauchen nur die Augen zu schließen, wenn Sie ‚ja' meinen."

Der Kranke lächelte schwach und schloß die Augen.

„Gut, dann ist Ihnen also die Gegend bekannt. Wohnen Sie in Sydney? Ja, gut. Verwandte haben Sie auch dort? Nun gut. Sie haben eine gefährliche Schußwunde erhalten und sind immer noch nicht ganz außer Gefahr. Transportiert werden können Sie auf keinen Fall. Aber Ihren Verwandten möchten wir eine Nachricht zukommen lassen. Wenn es ohne große Anstrengungen geht, schreiben Sie mit dem Bleistift hier auf das Papier Ihren Namen."

Der junge Mann nahm den Bleistift in seine zitternde Rechte und versuchte zu schreiben. Aber plötzlich sah er den alten Herrn starr an und sank ohnmächtig auf das Kissen zurück.

„So etwas", murmelte Mr. Sutton ärgerlich vor sich hin. „Da denke ich nun, ich bin besonders behutsam und fange es doch so ungeschickt wie möglich an. Was nun? Na, Gertrud wird ihn mit ihrer Pflege schon wieder zu sich bringen."

Damit überließ er den Verwundeten wieder seiner Pflegerin. Der Versuch konnte allerdings an diesem Tag nicht wiederholt werden, der Patient war einfach noch zu schwach. Am nächsten Tag jedoch schien er sich wesentlich besser zu fühlen und verlangte von sich aus nach Papier und Schreibzeug. Dann notierte er seinen Namen: Charles Pitt.

„Pitt!" rief der alte Herr. „Sie sind ein Sohn von Charley Pitt in der George Street?"

Der Kranke nickte schwach.

„Donnerwetter, dann freut es mich doppelt, daß *wir* Sie wieder auf die Beine bringen können. Aber was werden Ihre Eltern für Ängste ausgestanden haben! Wir müssen sie sofort benachrichtigen."

Wieder erbleichte das Gesicht des Kranken. Mr. Sutton ging in sein Zimmer und schrieb an Mr. Pitt in Sydney einige Zeilen. Einer der Arbeiter brachte den Brief zum

Gasthof, von wo die nächste Postkutsche ihn mitnahm. Aber die ging zuerst nach Bathurst, und der betrunkene Barkeeper gab die Post mit in die Minen hinauf...

Am nächsten Tag erhielt die Familie Pitt erneut Besuch von William Holleck. Kapitän Becker, der Polizeileutnant Beatty und die Kinder saßen gerade zusammen beim Tee, als Holleck das Zimmer betrat und von allen begrüßt wurde. Therese erkundigte sich gleich, ob er ihr denn auch viel Gold mitgebracht hätte.

„Einen ganzen Sack voll, mein Schatz!" Der junge Mann lachte, griff in die Westentasche und zog ein Stück Gold, so groß wie eine Haselnuß, heraus.

„Hier hast du eine Probe davon zum Spielen, aber verlier sie nicht!"

„Wirklich echtes Gold?" erkundigte sich die Kleine. „Oh, wie das blitzt und glänzt, und wie schwer es ist!"

„Haben Sie Charles gesehen?" erkundigte sich die besorgte Mutter.

„Nein, gesehen habe ich ihn nicht. In Bathurst war er nicht zu finden. Aber er soll oben in den Minen am Macquarie stecken, wie man mir sagte. Mehrere Leute wollen ihn dort gesehen haben. Die sind ja wie verrückt nach dem Gold und graben und wühlen überall herum."

„Und im Geschäft in Bathurst wußte man auch nichts von ihm?"

„Nein, und schreiben wird er aus den Minen auch nicht können."

„Schön", sagte Kapitän Becker. „Hier haben wir also jemanden, der uns genaue Auskunft geben kann. Berichten Sie mir doch einmal alle Neuigkeiten. Was man hier so in der Stadt hört, ist doch wohl größtenteils erdichtet, oder? Sie sehen aber nicht so aus, als würden Sie an diese Gerüchte glauben."

„Gerüchte? Mein guter Kapitän, wenn ich Ihnen nur davon erzählen würde, was ich selbst gesehen habe, würden Sie sofort alles zusammenpacken und in die Minen aufbrechen", antwortete Holleck.

Nun wollten alle mehr über das Leben in den Minen hören, und mit Humor gewürzt erzählte Holleck von seinem Leben als Goldgräber. In nur einer Woche waren schon enorme Mengen Gold gefunden und Nuggets von mehreren Pfund Gewicht ans Tageslicht gebracht worden.

Während er noch erzählte, brachte das Dienstmädchen einen Brief. „Aus Bathurst?" fragte Mr. Pitt und betrachtete den Stempel. Er öffnete den Brief. Es war die Nachricht von Sutton. Ohne sich weiter um Zwischenfragen zu kümmern, überflog er den Brief; dann ging er in Gedanken versunken damit auf und ab.

„Schlimme Nachrichten, Mr. Pitt?" erkundigte sich der Polizeileutnant.

„Ach ja", seufzte Mr. Pitt. Sollte er seiner Frau die Wahrheit sagen und sie in noch größere Aufregung versetzen? „Es scheint dort oben in Bathurst ganz und gar drunter und drüber zu gehen, und darum wird mir nichts anderes übrigbleiben, als hinaufzugehen und die Sache selbst in Ordnung zu bringen."

„Das ist gut, Charles, dann erfahren wir auch etwas über Charley!" sagte Mrs. Pitt.

„Wann wollen Sie fort?" erkundigte sich Kapitän Becker.

„Am liebsten noch heute abend, aber das ist unmöglich. Also morgen bei Tagesanbruch."

„Donnerwetter, das ist früh", antwortete der Kapitän brummig. „Wissen Sie, Mr. Pitt, ich hätte Lust, Sie zu begleiten."

„Aha, bei Ihnen haben Mr. Hollecks Erzählungen also gezündet! Ich sehe Sie schon im Schweiße Ihres Angesichts nach Gold graben!" sagte Pauline und lachte.

„Nein, nein, Miss, das Gold ist es nicht", antwortete der Kapitän verlegen. „Aber – Wetter auch! Man kann doch nicht später sagen, daß man in Australien gewesen ist und nicht mal in den Minen war!"

„Käpt'n, Käpt'n! Ich werde Sie dort oben besuchen", meinte Mr. Beatty lachend.

„Na ja, außerdem hoffe ich, daß ich meine Mannschaft so nebenbei wiederfinde. Jetzt laufen ja ganze Schiffsbesatzungen weg, und Ihre Polizei kann nichts dagegen tun. Aber, Mr. Pitt, können Sie nicht wenigstens bis morgen abend warten?"

„Nein, das ist unmöglich. So schnell finden wir keinen Platz in der Postkutsche, und deshalb müssen wir die Reise zu Pferd machen."

„Zu Pferd? Schockschwerenot! Den ganzen Weg zu Pferd?"

„Ja, und noch dazu in scharfem Trab!"

„Nein danke, das ist nichts für mich."

„Wenn Sie bis übermorgen warten können, Kapitän, so verschaffe ich Ihnen eine gute Fahrgelegenheit in einem Einspänner. Ich muß jemanden nach Bathurst schicken", sagte der Polizist.

„Das wäre famos. Kann ich auch meinen Steuermann mitnehmen?"

„Ja, selbstverständlich, Kapitän."

Der Antrag

Vier Tage waren nach dieser Begegnung in Mr. Pitts Haus vergangen, und Mrs. Pitt wartete ungeduldig auf Nachricht. Sie versorgte gerade Therese, als Mr. Holleck das Haus betrat. Er fand Pauline allein in einem Zimmer.

„Heute treffe ich Sie endlich allein. Ich wollte Sie bitten, sich eine kleine Geschichte von mir anzuhören."

Pauline fühlte, wie ihr die Röte ins Gesicht schoß. Aber sie bezwang ihre Verlegenheit und reichte dem Besucher die Hand.

„Soll ich nicht meine Mutter rufen?"

„Nein, oder fürchten Sie sich vor mir?"

„Weshalb?" entgegnete Pauline.

„Dann setzen Sie sich bitte in diesen bequemen Sessel, und hören Sie mir zu."

„Das sind ja gewaltige Vorbereitungen", sagte Pauline.

„Na ja, ich will keine unnötigen Worte verlieren. Seien Sie mir aber bitte nicht böse, daß ich nur von mir rede."

„Ist das schon die Vorrede?"

„Ja, hören Sie, Pauline. Sie wissen doch, daß ich mich viele Jahre lang in den Kolonien nur gerade so ernähren konnte. Ich habe immer nur das verdient, was ich dringend zum Leben benötigte. So geht es zwar vielen anderen auch, und sie haben sich damit abgefunden. Aber ich wußte, daß ich einem lieben, netten Mädchen auf diese Weise keine Existenzgrundlage bieten konnte. In England besaß ich ein kleines Gut, das ich aber nicht eher verkaufen wollte, als bis ich hier in Australien einige

Erfahrungen gesammelt hatte und das Geld mit sicherem Erfolg anlegen konnte. Das ist jetzt geschehen. Glücklicherweise traf das Geld gerade in dem Moment hier ein, da die Entdeckung des Goldes allen Geschäften einen guten Aufschwung gab. Die Aussicht auf eine zwar etwas gewagte, aber sehr verlockende Spekulation bot sich mir. In kurzer Zeit verdreifachte ich mein Kapital und kann wohl sagen, daß ich der Zukunft sorgenfrei ins Gesicht sehen kann."

„Aber ich begreife nicht...", flüsterte Pauline, die schon ahnte, worauf diese Erklärung hinauslaufen würde.

„Keine langen Worte, Pauline. Ich habe Ihnen erzählt, daß ich jetzt mein Auskommen habe und eine Frau ernähren kann – ich liebe Sie, Pauline, und ich bin mutig genug zu glauben, daß Sie mich auch ein wenig mögen. Darum frage ich Sie: Wollen Sie meine Frau werden?"

Das junge Mädchen war vor Aufregung ganz bleich geworden. Sie war nicht in der Lage zu antworten und überließ ihre Hand dem jungen Mann, der sie leidenschaftlich drückte. Was sollte sie sagen? Seit mehreren Jahren schon betrat er das Haus als Freund ihres Bruders und des Vaters, und sie war bereit, ihn fast zur Familie zu zählen. Aber sie hatte nicht den Mut gehabt, sich ernsthaft zu fragen, was sie für ihn empfand. Sollte sie ihn zurückweisen? Die Gedanken wirbelten ihr durch den Kopf und ließen sie keinen klaren Entschluß fassen.

„Darf ich hoffen, daß Sie mich auch... mögen?" fragte Holleck leise.

„Oh, wenn Sie mir etwas Zeit ließen... Sie haben mich so überrascht, ich weiß nicht..."

„Geben Sie mir nur eine kleine Hoffnung. Lassen Sie mich nicht wieder allein und einsam hinausziehen." Bei diesen Worten zog er sie an sich. „Es gibt nichts, was ich mehr liebe als Sie. Wenn Sie mich abweisen, würde ich vor Verzweiflung untergehen!"

Seine letzten Worte waren kaum hörbar, aber voller Leidenschaft. Pauline sah ihn erschrocken an. In diesem Augenblick öffnete sich die Tür, und Mrs. Pitt kam mit der Kleinen herein. Pauline löste sich von Holleck und schloß ihre Mutter in die Arme.

„Mrs. Pitt", sagte Holleck und ging auf sie zu. „Sie sind etwas zu früh gekommen. Ich habe das Jawort von Pauline noch nicht gehört. Ich bitte Sie deshalb, seien Sie meine Fürsprecherin, legen Sie ein gutes Wort für mich ein, Mrs. Pitt, und glauben Sie mir, daß Sie mich dadurch zum glücklichsten Menschen der Welt machen!"

„Und was sagt meine Tochter dazu?" erkundigte sich die Mutter mit weicher Stimme.

„Ich weiß es nicht, Mutter", flüsterte das Mädchen und drückte sich noch fester an sie. „Es ist alles viel zu schnell gekommen. Soll ich jetzt ein Wort aussprechen, das mich ein ganzes Leben lang bindet? Lassen Sie mir noch Zeit, bitte, Mr. Holleck."

„Ich will Sie nicht drängen, Pauline", sagte Holleck. Seine Stimme zitterte leicht. „Sagen Sie mir nur eines – nur diesen Trost erbitte ich von Ihnen –, daß Sie mich auch ein wenig... gern haben und meinen Antrag nicht gleich ablehnen wollen..."

Pauline antwortete ihm nicht. Eine Weile noch blieb sie an die Mutter gelehnt, dann reichte sie ihm, ohne ihn anzusehen, ihre Hand. Holleck küßte sie leidenschaftlich.

„Ich danke Ihnen tausendmal!" rief er aus. „Und bis morgen, oder wenn Sie lieber möchten, auch bis übermorgen – dann hole ich mir Ihren Urteilsspruch ab."

„Soso, das ist ja sehr nett von Ihnen", sagte in diesem Augenblick eine ruhige, tiefe Stimme. Alle drehten sich um und sahen Mr. Pitt, noch staubbedeckt, wie er vom Pferd gestiegen war.

„Charles!" rief seine Frau erschrocken. „Du bist schon zurück – um Gottes willen, wie bleich du aussiehst –, was ist geschehen? Was ist mit Charley?"

„Beruhige dich", sagte Mr. Pitt, „ich bringe keine schlechten Nachrichten, wenn ich auch vielleicht etwas mitgenommen aussehe von dem langen Ritt. Ich bin eine größere Strecke ohne Pause galoppiert und das Reiten nicht mehr gewöhnt. Guten Tag, Mr. Holleck. Wenn ich mich nicht irre, platze ich gerade in eine Familienszene hinein? Pauline ist so aufgeregt, die Mutter sieht gerührt aus, und Sie tragen nicht Ihr rotes Minerhemd – darf man vielleicht gratulieren?"

Der bittere, ironische Ton, mit dem der sonst so gelassene Mann sprach, überraschte alle. Auch Holleck war dieser Unterton nicht entgangen, und ein merkwürdiges Gefühl kroch in ihm hoch, gegen das er sich nicht wehren konnte.

„Lieber Mr. Pitt, ich habe heute gewagt..."

„Charles!" unterbrach ihn jedoch Mrs. Pitt. „Etwas muß geschehen sein! Du bist so sonderbar erregt, so habe ich dich bisher kaum gesehen!"

„Die Geschäfte, meine Liebe, nur die Geschäfte", wehrte Mr. Pitt ab und fuhr mit erzwungener Heiterkeit fort: „Du glaubst gar nicht, wie toll sie es in den Minen treiben und was für Mittel und Wege gesucht werden, um Gold zu gewinnen, immer nur Gold. Nicht wahr, Holleck, man muß da manchmal zu ganz eigenartigen Mitteln greifen, um das eine und einzige Ziel besonders rasch zu erreichen?"

„Ja, das stimmt schon, Mr. Pitt. Aber wenn man Glück hat und ein klein wenig Geschick..." Holleck hatte Mühe, dem festen Blick seines Gegenübers standzuhalten.

„Das war das richtige Wort, Holleck!" rief Mr. Pitt rasch und lachte heiser. „Geschick – so sagten Sie doch –, Geschick! Das ist das Zauberwort für den Geschäftsmann, und ein klein wenig Glück muß dann natürlich noch mit dabeisein."

„Aber Charles, was ist denn nur los mit dir?" rief Mrs. Pitt, die ihren Mann mit immer größerer Besorgnis betrachtete. „Bringst du endlich Nachricht von unserem Sohn?"

„Ja, einen Brief."

„Einen Brief?" entfuhr es Holleck.

„Ja, das wundert Sie auch, nicht wahr, daß der Bursche endlich einmal schreibt?" sagte der Kaufmann und suchte in seiner Tasche nach dem Schriftstück. Endlich fand er den Brief und übergab ihn Holleck mit den Worten: „Eine Klaue hat der Kerl! Können Sie schlechte Handschriften lesen, Holleck?"

„Manchmal, wenn Sie nicht allzu krakelig sind", erwiderte der junge Mann und fühlte dabei, wie er erbleichte.

„Na, dann versuchen Sie doch einmal damit Ihr Glück!" Paulines Vater lachte, aber es klang hohl und unnatürlich. Er stellte sich jetzt direkt neben Holleck. Vor dessen Augen verschwammen die Buchstaben, aber er riß sich zusammen und las mit lauter Stimme: „Der mich beraubte und verwundete, ist..."

Er schwieg, und entsetzt flog sein Blick zu der drohenden Gestalt neben ihm.

„William Holleck!" schrie da der Kaufmann mit donnernder Stimme und riß einen Revolver aus der Tasche. „Schurke und Mörder!"

„Heiliger, erbarmungsvoller Gott, was ist geschehen?" schrie Mrs. Pitt voller Entsetzen auf.

„Und du... du Hund hast dich nicht gescheut, eine Waffe gegen deinen Freund zu erheben, du Kanaille! Und jetzt wagst du es auch noch, der Schwester deines Opfers einen Heiratsantrag zu machen? Auf die Erde mit dir, knie nieder, damit ich dich abknalle wie einen räudigen Hund!"

Holleck hatte gefühlt, wie seine Kräfte ihn verließen, als der erste Verdacht einer Entdeckung in ihm aufkam. Angesichts der Mündung des Revolvers gewann er seine Geistesgegenwart zurück. Nur eine Flucht konnte ihn jetzt noch retten!

„Papa, nicht schießen!" rief die kleine Therese, die das alles nicht begriff. Auch Mrs. Pitt trat vor ihren Mann – und das war der günstigste Moment für den Verbrecher. Die Tür war zu weit entfernt, aber das Fenster zum Hof stand offen. Mit einem verzweifelten Satz sprang Holleck darauf zu, und ehe Mr. Pitt auch nur ahnte, was er eigentlich beabsichtigte, hatte er schon die Hand auf das Fensterbrett gelegt und schwang sich hinaus.

Im nächsten Augenblick drückte Mr. Pitt ab. Der Schuß dröhnte durch das Haus, Pulverrauch füllte das Zimmer. Doch als der Kaufmann ans offene Fenster sprang, konnte er nur noch die Gestalt des Flüchtigen zwischen den Ställen verschwinden sehen. Von dort floh Holleck durch den Garten und verschwand in dem Gewirr der umliegenden kleinen Gassen.

Pauline hatte die schreiende Therese auf den Arm genommen, als Mr. Pitt schon in den Hof hinunter eilte.

Die Leute liefen jetzt auch zusammen, aber Mr. Pitt sagte ihnen, daß sie ruhig wieder an die Arbeit gehen sollten. Er allein untersuchte dann den Fluchtweg des Verbrechers bis zum Garten, fand aber keine Blutspuren.

„Ist er tot?" erkundigte sich, zitternd vor Angst, Mrs. Pitt, als ihr Mann zurückgekehrt war.

„Er ist für diesmal entkommen. In der Aufregung habe ich nicht richtig gezielt. Vielleicht ist es auch besser so, daß ich dem Henker nicht vorgegriffen habe. Aber seiner Strafe entgeht er nicht, das schwöre ich bei Gott!"

„Was ist mit Charley passiert, laß uns doch nicht länger im ungewissen!"

„Er lebt und ist auf dem Wege der Besserung. Holleck war mit dabei, als vor kurzem die Postkutsche überfallen wurde. Charley hatte ihn erkannt. Um nicht entdeckt zu werden, versuchte Holleck ihn zu töten. Er war sich seiner Sache wohl sehr sicher, sonst hätte er es niemals gewagt, wieder hierher zu kommen."

„Großer Gott! Und wo ist mein Sohn jetzt? Ich will zu ihm und ihn pflegen."

„So gut aufgehoben wie bei uns. Mr. Sutton von der English-Bottom-Farm kümmert sich um ihn."

„Kann ich zu ihm?"

„Ja. Der Arzt wollte zwar zuerst nichts davon wissen, weil er bei Aufregungen einen Rückfall befürchtete, aber gestern besserte sich sein Zustand so wesentlich, daß wir schon morgen zu ihm aufbrechen können."

„Was heißt morgen schon?" rief die Mutter. „Und heute soll ich den ganzen Tag herumsitzen und vor Angst vergehen?"

„Gut, dann also noch heute. Ich werde dir einen Wagen besorgen, und Pauline..."

Er sah seine zitternde Tochter sorgenvoll an. „Hast du ihn geliebt?"

„Nein, Vater, nein! Ein furchtbarer Druck ist von mir genommen, ich fühle jetzt, daß ich ihn niemals geliebt hätte. Und wenn er mich mit seinen Bitten erweicht hätte... Ich weiß nicht, was das für ein Leben geworden wäre..."

„Gott sei Dank, dann ist das Unglück nicht so groß. Begleite deine Mutter, etwas Abwechslung wird dir jetzt guttun. Ned soll euch fahren, unsere beiden Braunen sind ausgeruht, die Fahrt wird ihnen nicht schaden. Bei Russels wechselt ihr die Pferde, damit ihr schneller hinkommt."

Mutter und Tochter bedankten sich, und Mr. Pitt fuhr fort: „Ich habe jetzt nicht viel Zeit. Keine ruhige Minute soll dieser Holleck mehr haben, darum komme ich erst morgen nach. Ich muß nach Bathurst, um dort einiges in Ordnung zu bringen, das von dem Verbrecher zerstört wurde. Schließlich sind bei dem Überfall einige wichtige Unterlagen vernichtet worden, die mit der Post befördert wurden. Auf dem Hinweg komme ich bei euch vorbei."

Eine Stunde später rollten die beiden Damen die George Street hinauf über Paramatta zu Suttons Farm. Mr. Pitt brachte seine jüngste Tochter zu ihrem Großvater und eilte dann in die Stadt zurück, um mit dem Polizeileutnant zu sprechen. Zwei Stunden später suchten zwanzig Polizeibeamte den ganzen Distrikt ab. Boten wurden auf die Straßen geschickt, die zu den Minen führten, um dort nach Holleck zu fahnden. Aber von dem Verbrecher fand sich keine Spur. Er schien wie vom Erdboden verschluckt zu sein.

In den Bergen

Wie lange war es her, daß das Känguruh noch in diesen Bergen herumsprang, nur gejagt von den Eingeborenen, ihren listigen Feinden? Wie lange war es her, daß der Dingo noch durch diese Schluchten zog und manchmal stehen blieb und erstaunt die Nase gegen den Wind hob, wenn ihm ein leichter Luftzug die Witterung eines Menschen herüberbrachte? Dann kamen einzelne Herdenbesitzer, die ihre Schafe in die Berge trieben, und Känguruhs wie Dingos zogen sich vor den scharfen schottischen Windhunden zurück, die die Männer mitbrachten und mit denen sie rastlos die Wälder durchstreiften.

Und nun war das Goldfieber ausgebrochen. Wo waren die Schafherden geblieben, die sonst monatelang hier weideten, ohne daß sie jemand störte? Die Berge enthielten Gold, und von allen Seiten strömte das gierige Volk herbei, von allen Seiten drangen sie in die Schluchten und Täler ein, über Hochebenen und breite Bergrücken, mit Schaufel und Axt, mit Flinten und Revolvern, und schrien und knallten, schüttelten das Geröll in ihren Goldwaschanlagen, und der Urwald hallte wider von ihrem Lärm. Wo noch nie ein Lasttier seine Spur in den Boden gedrückt hatte, da rollten jetzt schwerbeladene Fahrzeuge über Quarzblöcke und Gum-Wurzeln. Steile Berghänge wurden abgeklopft und abgesucht, wo sonst nur das lichtscheue Wombat und die Känguruhratte gelebt hatten. Jetzt wurde gehämmert, geflucht und gelacht, und es pochte von allen Seiten. Nicht nur Gebirgsbäche wurden umgeleitet und durchgefiltert, sondern auch die kleinsten Bergspalten und Ritzen durchstöbert und untersucht. Wo jemand ein großes Stück Gold gefunden hatte, wuchsen über Nacht ganze Zeltstädte, Rindenhütten und Reisiglauben aus dem Boden. Läden und Bars wurden eingerichtet, ein Postbüro eröffnet, eine Polizeistation gebaut.

Jetzt erwiesen sich die Maßnahmen des umsichtigen Gouverneurs von Australien, Sir Charles Fitz Roy, als sehr hilfreich.

Zu allen Goldfundorten wurden Polizeimannschaften beordert, und jeder Arbeiter mußte bei ihnen für seine Schürflizenz dreißig Schilling bezahlen. Außerdem sorgten die Beamten dafür, daß in den Zelten kein Alkohol ausgeschenkt und kein öffentliches Glücksspiel betrieben wurde. Ganz unterdrücken konnten sie das natürlich nicht, aber die Polizisten hatten die Goldsucher recht gut unter Aufsicht.

Zuerst grub jeder für sich allein, denn niemand hatte Lust zu teilen. Bald aber stellte es sich heraus, daß ganze Gruppen viel schneller vorwärtskamen und bessere Gewinne erzielten. Was sich da für Gesellschaften bildeten...! Das Gold vereinte alle Stände und Nationen. Der vornehme Städter grub gemeinsam mit dem Arbeiter; Anwälte und Kaufleute schürften mit Schäfern und Landarbeitern. Oft begaben sich die Goldgräber in die weitere Umgebung eines Fundortes, wenn sie nicht selbst nach ein paar Tagen etwas gefunden hatten. So entstanden immer größere Goldfelder, und noch mehr Goldgräber kamen in die Berge.

Soeben traf auch der lange Zug aus Sydney ein. Weit leuchteten die frischen roten Hemden. Ein schwerfälliges und vollbeladenes Fahrzeug folgte ihnen. Nach dem zu urteilen, was die Männer mitgenommen hatten, konnte man annehmen, daß sie hier oben einen Laden einrichten wollten. Zwei von ihnen sahen auch tatsächlich so aus, als würden sie eher hinter einem Tresen stehen wollen, als sich mit dem schweren Handwerkszeug abzumühen. Die wollenen Hemden waren zierlich mit gelber Seide bestickt, die Wasserstiefel aus feinstem Kalbsleder, und ihre erhitzten Gesichter wischten sie sich mit Batist-Taschentüchern ab.

Der dritte aus dem Zug paßte weitaus besser in den Mineranzug. Er hatte ein vom Wetter gebräuntes Gesicht und sah nach allen Seiten, während er mit den Händen in den Taschen hinter dem Wagen herschlenderte. Auf den ersten Blick war zu erkennen, daß er zu den Australiern gehörte, die „keine Passage bezahlt" hatten, wie man zu den Sträflingen sagte. Merkwürdig stach gegen ihn der vierte Wanderer ab: Etwa einen Kopf kleiner als er, dabei dünn und schmächtig, schien er in die Wasserstiefel versehentlich hineingefallen zu sein. Sein Gang sah aus, als wollte er bei jedem Schritt aus ihnen heraushüpfen. Dabei hinkte er etwas, was ihn aber nicht daran hinderte, dauernd um den Wagen herumzuspringen und bald in schlechtem Englisch mit dem Ochsentreiber zu schimpfen, bald im Gespräch mit seinem Gefährten hinter dem Wagen gegen die rauhe Behandlung der Wagenladung zu protestieren. Von keinem bekam er eine Antwort, denn die Männer waren schon fünf Tage unterwegs und kannten ihn zur Genüge. Smith, der Schäfer aus dem Gefängnis, und der Ochsentreiber unterhielten sich nur manchmal, wenn der kleine Zachäus vor den Ochsen herumhüpfte.

Die beiden schienen alte Bekannte zu sein, wenn auch keiner von ihnen mit einer Silbe die Vergangenheit erwähnte. Das war eben vorbei und abgetan, und die neue Zeit nahm ihre Aufmerksamkeit viel zu stark in Anspruch.

„A rum cove", sagte der Ochsentreiber in der Slangsprache kopfschüttelnd zu dem alten Schäfer. „Was der hier wohl in Australien will... Daß sie den noch nicht gerupft haben!"

„Er ist eben dem Richtigen noch nicht in die Hände gefallen", erwiderte der Schäfer und sah seinen Begleiter von der Seite an, so daß dieser laut auflachen mußte.

Eben machte der Weg eine Biegung um zwei Felsen. Auf dem einen saß eine Gestalt in grauer Jacke und Hose. Einen alten, zerbeulten Filzhut hatte der Mann tief ins Gesicht gezogen.

Der Fremde mochte etwa Mitte Dreißig sein. Ein krauser schwarzer Bart und zwei blitzende Augen gaben seinem Äußeren etwas Finsteres. Er sah fast aus wie ein Panther, der auf Beute lauert. Mit scharfem Blick musterte er die Vorüberziehenden, einen Augenblick länger den alten Schäfer. Smith drehte jedoch den Kopf zur Seite und ging weiter.

„Kennst du den?" erkundigte sich der Ochsentreiber. Der Schäfer schüttelte den Kopf. „Nein, du?"

„Ach was!" erwiderte der Treiber mit einem flüchtigen Seitenblick. Dann gingen die Männer wieder schweigend nebeneinander her. Bald erreichten sie den letzten Hügelrücken, von wo aus der Weg direkt zum Turon-River hinunterführte. Schon konnten sie mit den Augen dem Lauf des gewundenen Flusses unten im Tal folgen und die dunklen Bäume an seinen Ufern erkennen. Etwa zehn Minuten später hielt der Trupp unweit der Mündung des Oak-Creek auf einer kleinen, offenen Fläche. Man beschloß, hier die Nacht zu verbringen.

Ein paar Stunden waren sie damit beschäftigt, die Zelte aufzubauen, ein Feuer anzuzünden und sich etwas fürs Abendessen zu brutzeln. Dabei leisteten Smith und der Ochsentreiber die Hauptarbeit. Zachäus untersuchte währenddessen seine Maschine, die nach der holprigen Fahrt allerdings so zugerichtet aussah, daß der Erfinder in lautes Jammern und Klagen ausbrach. Smith stieg inzwischen noch einmal den Hang hinauf bis zu dem Felsen, auf dem der Fremde immer noch saß. Erst als er den Schäfer auf sich zukommen sah, rutschte er von seinem erhöhten Sitz herab und blieb am Felsblock stehen, bis Smith ihn begrüßte.

„Hallo, Jack, auch in den Minen?"

Der Fremde antwortete nur mit einem Brummen und sah den anderen dabei mit einem forschenden Blick an. Dann sagte er: „Das könnte ich eher dich fragen, denn als ich zuletzt in der Stadt war, hielten sie dich hinter einer Verzierung von Eisenstäben und brachten dir dein Fressen in einem Tonnapf!"

„Na und, das ist schon besseren Leuten so ergangen", antwortete Smith.

„Bitte um Entschuldigung, wenn ich dich an etwas Unangenehmes erinnert habe. Aber wen bringst du denn da in die Minen?"

„Eine Ladung Grüner!" antwortete Smith trocken.

„Festes Engagement?"

Der alte Schäfer warf dem Fremden einen verschmitzten Seitenblick zu und sagte dann: „Ganz fest, auf dreißig Tage gebunden als Goldsucher."

„Das ist schade", sagte Jack. „Ich hätte dich in diesen Tagen zu einem Spaziergang einladen können."

„Da müßtest du aber bald kommen, sonst triffst du mich vielleicht nicht zu Hause an!"

„Ah so, na gut. Bleibt ihr jetzt hier?"

„Vorläufig ja. Und wo bist du zu finden?"

„An der Fork!"

„Schön. Good bye, Jack", sagte der Schäfer, drehte sich um und ging in das Tal hinab.

Der junge Baron von Hafften war inzwischen mit seinem neuen Bekannten bis Bathurst marschiert. Dort kehrten sie gemeinsam in Mrs. Blacks Gasthaus ein. Eine riesige Menschenmenge bewegte sich ständig durch die Räume, und deshalb wurden die beiden Gefährten bald getrennt.

Von Hafften hörte hier das erste Mal von den soeben entdeckten reichen Minen am Turon. Am selben Abend fand er noch eine Gelegenheit, sein Gepäck dorthin zu senden, und wanderte mit neuen Begleitern neben dem Wagen her. Es lag ihm jedoch mehr daran, das Leben und Treiben in den Minen kennenzulernen, als wirklich selbst dort nach Gold zu graben.

Eine bunter gemischte Gesellschaft hätte er wohl auch in Kalifornien nicht finden können: Engländer, Deutsche und Franzosen schwatzten und lachten wild durcheinander. Am Turon sorgte jeder für eine Unterkunft und für die Pferde. Bald lagen die Männer ausgestreckt, lachend und erzählend am Feuer; sie träumten und phantasierten schon von den großen Schätzen, die vielleicht direkt unter ihnen steckten und nur darauf warteten, ans Licht geholt zu werden.

Vor drei Tagen waren noch keine zehn Menschen an diesem Wasserlauf gewesen. Jetzt sah man schon mehr als fünfzig Zelte hier, und kaum zehn Schritte voneinander entfernt wühlten die Männer im Lehmboden.

Glänzende Geschäfte machten die Händler. Alles wurde mit Gold bezahlt, und darum rieben sie sich vergnügt die Hände. Hier zahlte man – im Gegensatz zu Kalifornien – nur mit reinem Gold. Zeigte sich nur eine kleine Quarzader in dem Klumpen, so wurde er so lange bearbeitet, bis er rein war. Erst dann legte ihn der Händler auf die Waage.

Zwischen den arbeitenden Männern ritt der Kommissar hin und her, der das Geld für die Lizenz eintreiben mußte. Dafür bekam jeder einen kleinen Platz zugewiesen, auf dem er ungehindert arbeiten konnte. Niemand wehrte sich ernsthaft gegen diese Auflage, und Mr. Green, der Kommissar, erfüllte seine Aufgabe mit Takt und notfalls mit der erforderlichen Energie.

Die Polizeiposten mußten schließlich verstärkt werden, und die Regierung gab eines Tages bekannt, daß sie die Garantie für die Goldtransporte gegen einen entsprechenden Betrag übernehmen würde. Die erste Eskorte sollte schon bald in die Hauptstadt abgehen. Sie mußte besonders scharf bewacht werden, denn eine so große Menge Gold war natürlich für viele eine Versuchung. Dadurch kehrte etwas Ruhe in den Minen ein, und in der ersten Zeit gab es keinerlei Berichte von Überfällen.

Die English-Bottom-Farm

In dieser Zeit des allgemeinen Aufbruchs wurde auch Mr. Suttons Farm nicht vom Goldfieber verschont. Viele seiner Arbeiter konnten dem Lockruf des Goldes nicht widerstehen, und so war Mr. Sutton gezwungen, den Betrieb weitgehend zu rationalisieren. Er verkaufte soviel Vieh wie möglich und verteilte die landwirtschaftliche Arbeit auf die wenigen treuen Arbeiter.

Der Verwundete genas zusehends; er bedurfte nur noch der Ruhe und Pflege. Seitdem sich seine Mutter und seine Schwester um ihn kümmerten, ließ sich Gertrud nicht mehr bei ihm sehen. Sie kochte zwar weiter für ihn, doch es war ganz offensichtlich, daß sie ihn mied. Der Kranke vermißte sie sehr – öffnete sich einmal die Tür zu seinem Zimmer, so drehte er sich jedesmal erwartungsvoll um.

Schließlich kam sein Vater vorbei, um Mutter und Tochter abzuholen. Es war ihm unangenehm, daß drei Mitglieder seiner Familie den Suttons zur Last fielen, auch wenn die Suttons selbst gegen die Abreise protestierten. Wenn auch der Arzt den Transport des Kranken in seinem jetzigen Zustand verboten hatte, so konnte man doch sicher sein, daß er in spätestens acht oder zehn Tagen mit einem bequemen Wagen gut nach Sydney gebracht werden konnte.

Jetzt hielt sich Charley tagsüber meistens im Wohnzimmer auf, und Rebecca saß oft stundenlang bei ihm und las vor. Gertrud sah er nun auch wieder öfter, aber stets nur in Gegenwart der Familie beim Essen. Auch abends kam sie nie herunter, sondern blieb in ihrem Zimmer und beschäftigte sich mit den Wirtschaftsbüchern.

Eine Woche später erhielten die Suttons eine Einladung; auf einer benachbarten Farm sollte eine Hochzeit mit einem jungen Engländer gefeiert werden. Charley war schon soweit wiederhergestellt, daß Mrs. Sutton den Vorschlag machte, ihn mitzunehmen. Die Fahrt würde nicht länger als eine halbe Stunde dauern. Aber Mr. Sutton war dagegen; er wollte Charley nicht überanstrengen und befürchtete einen Rückfall. Als sie schließlich nachmittags losfuhren, blieb der junge Pitt allein im Wohnzimmer zurück.

Nach einer Weile betrat Gertrud das Zimmer, um einen Schlüssel zu holen. Sie erschrak, als sie Charley allein sah. Zögernd trat sie näher und grüßte freundlich.

„Gertrud", sagte Charley und spürte gleichzeitig, daß ihm das Blut in die Wangen schoß, „was habe ich Ihnen getan, daß Sie mich in letzter Zeit so meiden und kaum einen Gruß für mich finden? Und das, nachdem Sie mich doch so aufopfernd gepflegt haben! Wenn ich Sie gekränkt habe, so ist es ohne Absicht geschehen."

„Sie haben mich nicht gekränkt, Mr. Pitt", erwiderte sie leise. „Aber da ich Ihre Pflege in besseren Händen wußte..."

„In besseren Händen?"

„... so konnte ich Sie getrost Ihren Verwandten überlassen. Sie wissen ja außerdem, daß ich hier im Hause nur Wirtschafterin bin."

„Weichen Sie mir nicht aus, Gertrud", sagte Charley. Er stand auf, ging zu ihr und wollte ihre Hand ergreifen. Mit einer raschen Bewegung entzog sie sich ihm jedoch.

„Irgend etwas hat sich zwischen uns gestellt", fuhr Pitt fort. „Ich war mir sicher, daß ich Ihnen auf irgendeine Weise weh getan habe, und das tut mir sehr leid."

„Nein, nein, Mr. Pitt, wirklich nicht", antwortete das Mädchen ängstlich.

Charley bemerkte, daß sie versuchte, das Gespräch abzubrechen und wieder zu ihrer Arbeit zurückzukehren.

„Ich habe Sie auch nicht gemieden, denn dazu hatte ich keinen Grund. Sie waren immer freundlich zu mir. Nur erlaubten es meine Aufgaben hier im Haus nicht, daß ich öfter zu Ihnen kam."

„Gut, dann wollen wir aber auch Freunde sein, Gertrud! Und bitte weichen Sie mir nicht weiterhin so sorgfältig aus", antwortete Charley herzlich und streckte ihr die Hand hin. „Sie haben dadurch meine Genesung eher aufgehalten als gefördert! Jeden Tag wuchs meine Sehnsucht, Ihnen in die Augen zu sehen und Ihnen zu sagen, wie dankbar ich Ihnen für Ihre liebevolle Pflege bin."

Gertrud hatte ihm ihre Hand nur widerstrebend gegeben, und ihr Gesicht schien dabei noch eine Spur bleicher zu werden. Ohne ihn anzusehen, sagte sie: „Ich danke Ihnen für diese freundlichen Worte. Alles, was ich für Sie getan habe, war selbstverständlich. Jetzt erlauben Sie aber bitte, daß ich mich wieder um meine Arbeit kümmere."

„Nicht so, Gertrud!" drängte Pitt und vertrat ihr den Weg. „Gehen Sie nicht so von mir! Wir sind jetzt allein, und wer weiß, wann sich wieder eine solche Gelegenheit bietet, Ihnen all das zu sagen, was ich Ihnen nun einfach sagen muß."

„Mr. Pitt!"

„Ich liebe Sie, Gertrud, seitdem ich Sie das erste Mal gesehen habe. Ich habe die Kugel heimlich gesegnet, die mich verwundete. Denn dadurch wurde es mir erst möglich, Sie kennenzulernen und dank Ihrer Pflege zu einem neuen Leben zu erwachen. Nein, wehren Sie nicht ab, jedes Wort ist ehrlich gemeint. Werden Sie meine Frau, geben Sie mir die Möglichkeit, Ihnen viele Jahre lang zu vergelten, was Sie mir als Krankem Gutes getan haben, und Sie werden es nie bereuen!"

Gertrud war einen Schritt zurückgetreten, und das Blut schoß ihr bei diesen Worten in den Kopf.

„Ich habe Sie überrumpelt, Gertrud", sagte Charley leise und tief bewegt. „Ich wollte Sie nicht erschrecken. Ich bleibe nur noch kurze Zeit in Australien. Meine Abreise nach Neuseeland wäre schon erfolgt, wenn ich nicht verwundet worden wäre. Dort brauche ich eine treue und liebende Frau. Mit einem einzigen freundlichen Wort würden Sie mich jetzt sehr glücklich machen. Wollen Sie meine Frau werden?"

„Nein", antwortete Gertrud leise. Die Röte war aus

ihrem Gesicht gewichen, jetzt sah sie wieder sehr blaß aus. Ihre Hände zitterten, als sie ihr Gesicht damit bedeckte. „Ich kann... ich darf nicht!"

„Gertrud!" rief Charley, und ein tiefer Schmerz durchzuckte ihn.

„Glauben Sie nicht, Mr. Pitt, daß ich Ihre Liebe nicht achte. Ich fühle, daß Sie es aufrichtig meinen. Aber – dringen Sie bitte nicht weiter in mich, Sie machen mich dadurch nur unglücklicher, als ich es schon bin. Glauben Sie mir, es kann nicht sein. Ich hoffe, Gott wird Sie weiterhin beschützen – leben Sie wohl!" Damit ging sie an ihm vorbei und verließ rasch das Zimmer.

Der junge Pitt hielt sie nicht zurück. Ermattet sank er in einen Lehnstuhl, und die kaum verheilte Wunde schmerzte wieder.

Draußen im Hof ging es inzwischen turbulent zu. Ein Trupp Goldgräber war eingetroffen. Die Männer hatten sich auf dem Marsch in die Berge verirrt und waren glücklicherweise auf einen Schäfer gestoßen, der ihnen den Weg zu Mr. Suttons Farm wies. Erschöpft und halb verhungert, vor Durst fast verschmachtet, erreichten sie die Farm. Hier gab ihnen die Wirtschafterin etwas zu essen, und erschöpft setzten sie sich in den Hof. Im Schatten der Bäume und der Gebäude konnten sie sich langsam wieder erholen.

Es waren vier Deutsche und ein Führer, der durch seine Gestalt sofort auffiel. Malchus war klein und dick und hatte ein gutmütiges Gesicht mit einem dünnen, roten Bart. Den trägen Mann konnte das Treiben in den Bergen nicht aus der Ruhe bringen.

Gerade hatte der kleine Trupp sich niedergelassen, da traf eine weitere Gruppe ein. Es waren Eingeborene, die sich jetzt ihren Lebensunterhalt von den Weißen erbetteln mußten. So ausdauernd, wie sie früher bei der Jagd waren, so hartnäckig waren sie jetzt beim Betteln. Wenn sich eine günstige Gelegenheit bot, nahmen sie auch alles mit, was nicht niet- und nagelfest war. Die australischen Einwanderer hatten Gesetze verkündet, die den Eingeborenen verboten, unbekleidet eine Stadt zu betreten. Hier draußen jedoch, im Busch, liefen sie unbekümmert nackend umher. Nur zwei von ihnen, ein junger Mann und eine alte Frau, trugen europäische Kleider. Die anderen waren mit Keulen und Bumerangs bewaffnet. Die Kleidung der Eingeborenen hatte im Busch sehr gelitten, und der Zylinder, den der junge Mann aufhatte, wirkte geradezu lächerlich. Die alte Frau trug ein großgeblümtes Stoffkleid und einen Seidenhut mit einer Unmasse künstlicher, vor Dreck starrender Blumen.

Der Viehaufseher kam gerade über den Hof, als die Eingeborenen eintrafen. Er begrüßte sie mit einer Reihe heftiger Flüche. Gertrud jedoch zeigte sich, wie stets, freundlich, auch den Eingeborenen gegenüber. Sie schickte eines der Mädchen in die Küche, um für die Neuankömmlinge etwas zu essen zu holen.

Die Eingeborenen führten sieben ausgemergelte Hunde mit sich, die sich ängstlich an ihre Herren hielten. Zwei große, langhaarige Känguruhhunde, die im Hof in der Sonne gelegen hatten, erhoben sich und umkreisten mit gesträubtem Fell die Gruppe. Ängstlich griffen die Männer ihre „Waddies" (Keulen) fester, aber der Aufseher pfiff die Hunde zurück. Sie legten sich vor das Herrenhaus, als wollten sie es vor den Eindringlingen beschützen.

Jetzt kamen zwei zahme Kasuare heran, die auf der Farm lebten. Bald machten sie den Hunden der Eingeborenen mit ihren langen Schnäbeln das Leben schwer.

Malchus lehnte sich an einen kräftigen Baumstamm und kümmerte sich nicht um die Eingeborenen. Kaum hatten die aber den Weißen bemerkt, als sich die beiden Bekleideten ihm näherten. Der junge Mann nahm seinen Zylinder ab und machte eine ehrfurchtsvolle Verbeugung. Dabei berührte er mit seinem fettglänzenden Haar fast das Gesicht des kleinen Deutschen. Die alte Frau knickste und hielt dabei die Hand auf. Beide sprachen gebrochen Englisch.

„Ein klein wenig weiß Geld, Sir – ein klein wenig weiß Geld!"

„Donnerwetter!" polterte Malchus. „Wo kommt ihr schwarzen Teufel denn her?"

„Ein klein wenig weiß Geld, Sir!" drängte die Frau und hielt ihm die ausgestreckte Hand mit den spitzen, dürren Fingern immer näher unter die Nase. Zwar verstand der Deutsche kein Wort Englisch, aber die ausgestreckte Hand verdeutlichte die Worte der Frau. Gerade wollte er in die Tasche greifen, da hörte er ein Geräusch hinter sich. Als er sich umdrehte, sah er sich von den schwarzhäutigen Besuchern eingekreist.

„Alle Wetter!" schrie er, jetzt wirklich erschrocken. „Ist denn hier die Hölle los?"

Als er aufsprang, trat er der Frau versehentlich mit seinen schweren Stiefeln auf den nackten Fuß. Sie schrie auf und fuhr zurück; die Hunde fingen an zu bellen, und die beiden Känguruhhunde kamen wieder knurrend angesprungen. Für einen Augenblick herrschte völlige Verwirrung auf dem Hof. Jetzt griff der Aufseher auch noch zu seiner langen Peitsche. Mit einer heftigen Bewegung scheuchte er die Känguruhhunde wieder auf ihren alten Platz. Dann drängte er den Eingeborenenschwarm in eine Ecke des Hofes und befahl ihnen, dort zu warten, bis sie ihre Geschenke erhalten würden.

Inzwischen hatte Gertrud den Eingeborenenmädchen frisch gebackenes Brot und etwas Fleisch mit Salz gegeben. Dann zog der Trupp wieder ab – der junge Mann mit zahlreichen Verbeugungen, die alte Frau knicksend.

Gertrud hatte jetzt ihre Arbeit beendet und ging in ihr kleines Zimmer. Schweigend, die Hände im Schoß gefaltet, saß sie auf einem Rohrstuhl. Kein Zucken ihres Gesichtes verriet, was in ihr vorging, aber aus den weitgeöffneten Augen flossen große Tränen die Wangen hinab.

So hatte sie eine halbe Stunde gesessen, als sie plötzlich von leisem Klopfen aus ihren Träumen in die Wirklichkeit zurückgeholt wurde. Die Tür öffnete sich langsam, und Gertrud stockte der Atem: Charley Pitt stand auf der Schwelle und sah sie traurig an.

„Mr. Pitt", flüsterte sie und sprang auf.

Der junge Mann trat ruhig in das Zimmer, schloß die Tür hinter sich und sagte mit freundlicher Stimme: „Seien Sie mir nicht böse, Gertrud, daß ich Sie noch einmal aufsuche. Eben bekam ich einen Brief von meinen Eltern. Morgen soll der Wagen eintreffen, der mich zurückbringen wird. Ich will Sie nicht mit neuen Bitten bestürmen. Aber als Sie vorhin weggingen, da schien es mir, als ob eine schwere Last auf Ihnen läge. Ich hielt es in meinem Zimmer nicht mehr aus. Morgen werde ich Sie kaum noch so sprechen können, und deshalb wollte ich Ihnen meine Hilfe anbieten – wenn Sie nicht auch meine Freundschaft zurückstoßen, so wie meine Liebe."

„Mr. Pitt", sagte Gertrud nun wieder. Ihre Stimme zitterte vor innerer Bewegung, ja ihre ganze Gestalt bebte.

„Kann ich Ihnen denn wirklich nicht helfen, Gertrud? Gibt es nichts, für das Sie wenigstens den Rat eines Freundes brauchen können? Aber gut, ich will Ihr Vertrauen nicht erzwingen. Hier haben Sie meine Adresse. Falls Sie einmal einen Freund benötigen, wenden Sie sich bitte an mich."

Gertrud hatte ihm aufmerksam zugehört und antwortete jetzt in fast fieberhafter Aufregung: „Nehmen Sie meinen herzlichen Dank für Ihre lieben Worte. Sie wissen nicht, Sie können gar nicht ahnen, wie wohl sie meinem Herzen tun."

„Sie sind nicht glücklich, Gertrud!" sagte Charley bewegt.

„Glücklich? Nein, das bin ich nicht", lautete die bittere Antwort des Mädchens.

„Aber weshalb weisen Sie meine Hilfe zurück? Haben Sie allen Lebensmut verloren, beugen Sie sich völlig dem Schicksal, anstatt ihm die Stirn zu bieten?"

Unwillkürlich ballte Gertrud ihre Hand und sah ihn fragend an.

Pitt war diese Bewegung nicht entgangen.

„Können Sie die Vergangenheit denn nicht vergessen und in einem neuen, fremden Land ein neues Leben beginnen? Sie sind doch noch jung! Wollen Sie sich Ihrem Schmerz beugen? Können Sie das vor sich selbst verantworten?"

„Mr. Pitt, wieso...", rief Gertrud erstaunt aus.

„Ich bin kein großer Redner, Gertrud", fuhr Charley fort. „Wenn ich in Ihrem tiefsten Inneren keinen Fürsprecher

finde, dann muß ich wirklich aufgeben. Ich will jetzt auch nicht diesen Augenblick ausnutzen. In acht oder zehn Tagen, wenn ich mich vollständig erholt habe, komme ich wieder zurück. Bis dahin denken Sie bitte gut über meinen Antrag nach. Ich liebe Sie, und ich wäre todunglücklich, wenn ich ohne Sie weiterleben müßte. Auf Wiedersehen, Gertrud. Ich habe jetzt nur noch einen Gedanken – Sie!"

Er drückte ihr die Hand und verließ das Zimmer, ohne ihr Zeit für eine Antwort zu lassen.

Jack

Etwa zwei Meilen vom Flußbett des Turon entfernt stand auf einem kleinen Plateau eine Rindenhütte. Schäfer und Hirten errichteten diese Hütten im ganzen Land als Unterschlupf. Dicht neben dieser hier waren auch noch die Hürden zu erkennen. Hierher wurden abends die Schafe getrieben, um sie vor den Dingos, den wilden Hunden, und den umherstreifenden Eingeborenen zu schützen.

Dünner, blauer Rauch stieg aus der Hütte auf. Das war ein sicheres Zeichen, daß ein Weißer die Hütte bewohnte. Kein Eingeborener wagte sich in die verlassene Hütte eines Weißen. Trotzdem trat eben ein nackter, mit weißen Streifen bemalter Eingeborener aus der Hütte. In der rechten Hand hielt er einen kurzen Holzspeer und unter dem linken Arm ein großes Stück Damper, australisches Brot.

Er blickte scheu und forschend um sich und glitt dann wie eine Schlange in die Büsche. Bald darauf war er zwischen den Schatten spurlos verschwunden.

Nach etwa einer Stunde kam ein Weißer langsam den Hang herauf. Als er das Plateau erreicht hatte, wischte er sich den Schweiß von der Stirn. Doch mitten in der Bewegung hielt er inne. Sein Blick war auf die geöffnete Tür der Hütte gefallen. Einen Augenblick stand der Mann still und sah sich unruhig um, dann zog er seinen Revolver hervor und spannte ihn. Im nächsten Moment war er mit einem Satz zur Tür gesprungen. Die Hütte war jedoch leer. Sie bestand nur aus einem Raum und war leicht zu überblicken. In einer Ecke lag ein abgenutzter Sattel auf ein paar alten Mehlsäcken, die dem Bewohner als Bett dienten. An dem Feuerplatz, dem Mittelpunkt der Hütte, lehnten eine alte eiserne Bratpfanne und ein umgeworfener Topf. Der Mann trat sofort in die andere Ecke des Hauses, wo allerdings nur ein paar zerbrochene Tonschüsseln herumlagen. Dann erst fiel sein prüfender Blick auf die Feuerstelle, deren Asche durchwühlt wirkte. Mit einem Fluch untersuchte er die Stelle näher.

„War doch dieses verdammte Gesindel schon wieder hier! Aber das schwöre ich euch – der nächste, der mein Brot unter der Asche hervorholt, soll wenigstens wissen, was er verschluckt hat!"

Damit schob er seinen Revolver zurück in den Gürtel, blies das fast schon erloschene Feuer wieder zu heißer Flamme an und legte Holz auf. Von einem Balken holte er einen kleinen Beutel Mehl herunter, mischte es mit etwas Regenwasser und formte ein kleines Brot. Als er fertig war, schüttete er aus einem Fläschchen etwas weißes Pulver dazu. Dann ließ er das Holz noch eine Weile herunterbrennen und grub schließlich den frischen Damper in die heiße Asche, um ihn durchbacken zu lassen.

Nun wickelte er sich in eine Decke und streckte sich neben dem Feuer aus. Nur ab und zu rührte er sich und schob mit seinem groben Buschschuh ein Scheit in die Glut zurück. Plötzlich richtete er sich halb auf und lauschte. Jetzt hörte er das Geräusch wieder. Er sprang auf und griff unwillkürlich zum Revolver.

„Hallo! Jemand im Haus?" rief in diesem Augenblick eine Stimme.

Jack antwortete nicht, sah kurz durch die Tür und stieß

sie dann auf. Draußen stand ein junger Mann, erhitzt und schweißgebadet. Er trug moderne Städterkleidung, die jedoch im Busch stark gelitten hatte.

„Hallo, Fremder!" sagte Jack und musterte die Gestalt. „Welcher Wind hat dich denn hierher auf das Plateau geweht? Doch nicht der Goldstaub?"

„Ich hatte mich verirrt und wäre in diesem verdammten Busch bald verdurstet. Glücklicherweise sah ich den Rauch Ihrer Hütte."

„Na, dann komm rein und setz dich ans Feuer, bis ein Topf Tee fertig ist."

Jack trat von der Tür zurück, und sein Besuch folgte ihm. Mit einem raschen Blick hatte er sich davon überzeugt, daß der Mann allein wohnte.

„Sie scheinen hier sehr einfach zu leben. Man kann nicht sagen, daß Ihr Haus übermöbliert ist."

„Sei froh, daß du ein Dach über dem Kopf hast und noch dazu einen Tee in Aussicht", erwiderte Jack.

„Leben Sie hier oben ganz allein?"

„Habe ich dich schon gefragt, ob du allein reist?"

„Oh, Entschuldigung, ich wußte nicht, daß Ihnen die Frage unangenehm ist!"

„Die Frage nicht, nur der Frager", antwortete Jack trocken. Er kletterte an einem Eckpfahl ein Stück in die Höhe und holte ein Säckchen mit Tee und Zucker aus einem Versteck. Dann sah er unter der Asche nach, ob der Damper völlig gar war, und bedeckte ihn wieder. Der Fremde wußte nicht, was er mit dem rauhen Wesen seines Gastgebers anfangen sollte. Aber er hatte schon früher Erfahrungen mit Buschleuten gesammelt. So hielt er es für das Beste zu schweigen. Er holte sich den Damper aus der Asche, brach ein Stück ab und sagte lachend: „Sie müssen schon entschuldigen, aber ich habe Hunger."

Jack hatte ihm so lange ruhig zugesehen, bis er das Brot zum Mund hob. Dann sagte er in seiner trockenen Art: „Nimm lieber nichts, was ich dir nicht selber gebe. Das Brot ist mit Arsen versetzt."

„Verdammt!" schrie der Fremde, sprang erschrocken auf und ließ das Brot fallen. „Wenn das Ihre Gastfreundschaft ist, bedanke ich mich herzlich!"

„Nur keine Aufregung, mein Freund. Ich habe dich rechtzeitig gewarnt. Du sollst doch nicht an Weizenbrot sterben – eher vielleicht einmal an Hanfnahrung!"

Bei diesen Worten lachte Jack auf geradezu unheimliche Weise. Über das Gesicht des Fremden zuckte ein Schatten, und mißtrauisch sah er Jack an. Was wußte der von ihm? Aber Jack hatte schon wieder seine Beschäftigung aufgenommen und sagte lächelnd: „Daß *du* mich nicht mehr kennst, ist für mich kein Grund, dich nicht mehr zu kennen – oder bist du nicht Bill Holleck, der sich für die Postbeutel von Ihrer Majestät Regierung interessiert?"

Der Fremde wurde aschfahl, seine rechte Hand glitt die Weste hinauf und riß im nächsten Augenblick einen gespannten Revolver heraus. Aber Jack ließ sich nicht einschüchtern. Blitzschnell hatte er mit hartem Griff den Arm des Fremden gepackt und ihn halb ausgekugelt. Dadurch wurde Holleck in die Knie gezwungen.

„Langsam, mein Guter. Dieses Spielzeug paßt nicht zu dir. Nun, Bill Holleck, was hindert mich jetzt, deinen Raub mit dir zu teilen? Oder noch besser, dich hier zu beseitigen? Glaubst du, wenn ich dir eine von deinen eigenen Kugeln durch den Kopf jage und dann die Hütte anstecke, daß auch nur ein Mensch nach dir fragen oder suchen würde? Aber steh auf, Mann, und lieg nicht da wie ein krankes Weib! Der Flügelknochen wird nicht ganz ausgerenkt sein! Setz dich wieder zum Feuer und sei vernünftig. Wenn mir nichts an deinem Leben liegen würde, hätte ich dich vorhin das Brot essen lassen. Nein, ich brauche den lebenden Bill Holleck! Zum Teufel mit dir, ich hätte dir etwas mehr Mumm zugetraut!"

Holleck sah in Jacks Gesicht und untersuchte mit der linken Hand sein rechtes Schultergelenk.

„Mumm? Was hilft das, wenn man in ein Maschinenrad gerät und die eisernen Walzen einem über die Knochen laufen? Du mußt Arme aus Eisen haben! Ich dachte immer, es gibt nur einen Menschen, der so zupacken kann. Der sitzt aber in Norfolk Island und schleppt Steine und eiserne Kugeln ... und doch... wenn ich dich so ansehe... verflucht, bist du wirklich Jack Burnett?"

„Pst, nicht so laut", antwortete Jack. „Wir sind hier oben zwar ziemlich ungestört, aber besser ist besser, und Jack Burnett ist ein so guter Freund von mir, daß ich seinen Namen selbst hier nicht laut hören möchte."

„Also, dann erklär mir mal dein feindseliges Verhalten, das vergiftete Brot und die versteckte Drohung bei meiner Namensnennung."

„Bah!" sagte Jack verächtlich. „Feindseliges Verhalten? Ich habe dir Tee ans Feuer gestellt und dich vor dem vergifteten Brot gewarnt. War das feindselig? Und die Drohung – meinst du, ich hätte was davon, dich anzuzeigen?"

„Aber wieso war das Brot vergiftet?"

„Weil so ein paar schwarze Halunken hier in der Nachbarschaft umherschwärmen und mir schon einige

Male, wenn ich hungrig nach Hause kam, mein Abendbrot unter der Nase weggestohlen hatten. Das will ich ihnen abgewöhnen. Wenn die Kerle selber nichts für sich zu essen haben, so geht mich das nichts an. Aber jetzt mache ich ihren Leiden gleich gründlich ein Ende und habe wenigstens noch Spaß dabei."

„Ein verdammt gefährliches Experiment! Wenn ich nun hier niemanden angetroffen und das Brot gefunden und gegessen hätte?"

„Wäre dir sehr schlecht bekommen", antwortete Jack trocken. „Aber du kennst das alte Buschgesetz: Keine Hütte betreten, wenn der Pflock von außen vorgeschoben ist. Doch ich glaube, wir verstehen uns jetzt. Als Vertrauensbeweis geb ich dir den Revolver zurück. Folge meinem Rat und zieh ihn nie wieder gegen Freunde."

„Freunde kann man nicht immer an der Jacke oder am Bart erkennen", antwortete Holleck verlegen.

„Ich gebe dir vielleicht ein anderes Erkennungszeichen. Wir sind beide Leute, denen eine kleine Seereise – sagen wir mal bis zum Ostindischen Archipel – ganz gut tun würde. Besonders angenehm wäre die Reise, wenn sie durch ein redlich verdientes Stück Geld ermöglicht würde. Leider haben wir beide aber nicht genug Zeit für den Erwerb. Und wenn sich die Äpfel von einem Baum nicht schütteln lassen, gibt es ja immer noch die Axt."

Holleck sah Jack fragend an, denn er begriff den Sinn der Worte nicht. Jack wühlte an einer anderen Stelle seines Feuerloches die Asche auf und sagte: „Das sind jedoch alles Dinge, die wir später genau besprechen. Jetzt will ich dich erst einmal satt machen. Der Tee ist schon lange fertig, und hier hast du Brot dazu. Weiter kann ich dir nichts anbieten. Der verdammte Schäfer hat seine Herde über den anderen Berg getrieben, und es ist ein umständlicher Weg bis zu einem Stück Fleisch."

„Und das Brot hier..."

„Kannst du ruhig essen, Bill!" Jack lachte. „Es ist nicht gewürzt wie das andere, das wir für weitere Besucher bereitlegen wollen."

Holleck biß heißhungrig in das Brot, und nachdem er mehr als die Hälfte gegessen und eine zweite Tasse Tee getrunken hatte, taute er auf. Der Tee war zwar ein trauriges Gebräu aus Buschpflanzen und Regenwasser, aber er belebte ihn doch. Nach der zweiten Tasse wurde er sogar gesprächig und erzählte Jack von seinen Erlebnissen in Sydney. Hier in den Bergen konnte er untertauchen. Viele Goldgräber arbeiteten in einsamen Tälern, schlichen sich nachts zu den Proviantzelten und kauften heimlich ein, damit ihnen keiner zu ihren Plätzen folgte.

Aber Jack, der entflohene Sträfling von Norfolk Island, hatte andere Pläne. Er wolle Australien verlassen, doch es fehlte ihm jemand, der ein Schiff führen konnte. Um so mehr freute er sich, daß er Holleck getroffen hatte, denn der konnte mit einem Schiff umgehen.

Kaum hatte Holleck sein Essen beendet, als ihn Jack aufforderte, ihn zu einer anderen Hütte zu begleiten, um einen alten Kameraden zu besuchen. Und bald darauf waren die beiden auf dem Weg, ohne daß Jack weitere Erklärungen abgegeben hatte.

Die Sonne neigte sich bereits den fernen blauen Bergwänden zu, als eine Gruppe Eingeborener das Plateau mit der Rindenhütte erreichte. Es war der Trupp, der von

Suttons Farm kam. Zwei Männer wurden zum Erkunden vorausgeschickt. Alles war verlassen, nur ein leichter, kaum noch sichtbarer Rauch stieg von den verkohlten Holzstücken auf. Die Eingeborenen fanden die Spur der beiden Männer, die den Hang hinunterführte, und konnten sich nun sicher fühlen. Ein leise ausgestoßenes »Kuih« rief die in der Nähe wartenden Gefährten herbei. Jetzt ging der junge Mann mit dem Zylinder rasch auf die Hütte zu, zog den Pflock heraus und war bereits an der Feuerstelle, ehe ihm die anderen zuvorkommen konnten. Diesen Platz benutzten alle im Busch als Versteck, und er war gleichzeitig auch am besten geeignet zum Aufbewahren des Brotes. Bald hatte er ein frisch gebackenes gefunden, während die beiden Späher ein halbes fanden. Rasch huschten sie zu den anderen zurück und verteilten das Brot. Die Mädchen steckten es in den mitgebrachten Sack, nur die alte Frau konnte sich nicht bezähmen und verschlang ihr Stück. Dann erbettelte sie noch das von ihrem Sohn.

Kaum hatten sie jedoch das Plateau verlassen, als die alte Frau plötzlich über Schmerzen klagte, am Boden niederkauerte, sich krümmte und wimmerte. Ihr Sohn wollte sie aufnehmen und tragen, aber die geringste Bewegung verursachte ihr Schmerzen. Eine furchtbare halbe Stunde verging, in der die alte Frau sehr litt. Das war der Zauber des Weißen, dem sie das Brot gestohlen hatten... Verängstigt warfen die anderen Frauen die restlichen Stücke weg, aber der Fluch wich nicht von der Unglücklichen. Immer kläglicher wurde das Stöhnen der alten Frau, und auch die Hunde, die gierig über das Brot hergefallen waren, wanden sich in Krämpfen. Jetzt flohen alle vor Entsetzen in den Busch und ließen den Sohn allein bei seiner sterbenden Mutter zurück. Da durchzuckte ihn ein verzweifelter Gedanke. Noch war vielleicht Hilfe möglich. Die Weißen, die den Zauber vollbracht hatten, konnten sicher mit einem Gegenmittel helfen. Gern würde er dafür die Strafe auf sich nehmen.

Als die Sonne bereits hinter den Bergen versunken war, kehrte Jack allein in seine Hütte zurück. Er bemerkte sofort den Diebstahl und lachte hämisch.

„Gut gemacht! Genau richtig die Zeit abgepaßt und gleich die Lockspeise mitgenommen. Hoffentlich bekommt euch die Portion gut und erspart mir die Ehre eines zweiten Besuches!"

In diesem Augenblick hörte er einen Aufschrei. Rasch riß er seinen Revolver heraus, blieb aber erstaunt an der Tür stehen, als er die beiden unheimlichen Gestalten im Zwielicht vor sich sah. Der junge Schwarze hatte ihn kaum entdeckt, als er heulend auf ihn zulief. Er legte die Sterbende zu seinen Füßen und flehte ihn in gebrochenem Englisch an, er möge den Zauber von ihr nehmen, den er auf sie geworfen habe.

„Aha!" rief Jack triumphierend. „Bist du einer von den Kerlen, die in mein Haus einschleichen und mein Brot stehlen? Hat die Alte davon geschluckt? Wohl bekomm's! Du hättest verdient, daß ich dir eine Kugel durch den Kopf jage, aber dann müßte ich dich auch wegschaffen, und das ist mir zuviel Arbeit. Also verschwindet, oder soll ich euch mit der Waffe Beine machen?"

Der Schwarze verstand die zornigen Worte nur halb, aber er konnte ihren Sinn erraten. Trotzdem warf er sich vor dem Weißen auf die Knie, rang die Hände und sprach flehentlich in seiner eigenen Sprache. Jack verstand zwar die Worte nicht, aber er kannte die Furcht der Eingeborenen vor Zauber und bösen Geistern. Es lag ihm nichts daran, daß dieser Fall außerirdischen Wesen zugeschrieben wurde, im Gegenteil, diese Leute sollten ruhig wissen, wem sie den Tod verdankten. Mit einem tückischen Grinsen sagte er: „Hilft dir nichts, mein Junge. Ich – verstehst du – ich habe einen Zauber in das Brot getan, und wer es ißt, muß sterben! Ich helfe dir nicht, selbst wenn ich es könnte. Und jetzt marsch, fort mit euch, oder ich verliere die Geduld!"

Der Eingeborene hörte kaum noch auf Jacks Worte. Mit stierem Blick betrachtete er den Weißen. Wut und Rache blitzten aus seinen Augen. Mit einer Waffe in der Hand hätte er sich nicht einmal vor dem Revolver gefürchtet. Jack ahnte das wohl und richtete ihn auf den Kopf des Eingeborenen, als sich dessen Mutter noch einmal aufrichtete und dann tot zurücksank. Der Junge schrie auf und warf sich einen Moment lang über sie. Im nächsten Augenblick jedoch nahm er sie auf und lief in das dunkle Tal hinunter.

Der Weg zum Goldsee

Am Turon-River ging es hoch her. Ein großes Goldgräberlager war entstanden. Wenn die Polizei auch den öffentlichen Alkoholausschank verboten hatte, so unternahm sie jedoch nichts gegen den selbstgebrannten Fusel. Abends saßen kleine Gruppen um die Lagerfeuer, tranken, lachten und erzählten Geschichten aus ihrem Leben oder von sagenhaften Goldfunden. Direkt im Flußbett des jetzt völlig ausgetrockneten Oak-Creek, der hier in den

Turon mündete, hatte eine Gruppe Deutscher ihr Lager. Abends am Feuer erzählte man in seiner eigenen Sprache, und so blieb jeder Kreis für sich.

Eines Tages tauchte eine alte Sage wieder als Gerücht auf. Oben in den Bergen hatte einmal ein Schäfer einen See entdeckt, der voller gelber Steine war. Einen besonders großen nahm er mit. Erst viel später erfuhr er, daß er reines Gold gefunden hatte. Aber so sehr er sich auch bemühte, den See fand er nie wieder. Später mußte es noch einmal einem Mann geglückt sein, diesen See zu entdecken. Er sollte angeblich eine große Menge Gold mitgenommen und das Gerücht erneut in Umlauf gebracht haben. Was jedoch mit diesem Mann geschehen war und wo der See nun wirklich lag, wußte nach wie vor niemand.

Auch von Hafften hatte sich der deutschen Gruppe angeschlossen und traf hier zufällig seinen Bekannten wieder, den er auf dem Marsch kennengelernt hatte. Dieser Mann erhielt von der Gruppe den Spitznamen „Professor", denn sein merkwürdiger Anzug und sein Benehmen paßten nicht so recht in diese Umgebung. Außerdem sonderte er sich immer etwas von der Gruppe ab. Gestern erst hatte er Malchus die Brüderschaft verweigert.

Der kleine dicke Malchus war heute besonders schlechter Laune. Den ganzen Tag lang hatte er versucht, sich der Lizenzzahlung zu entziehen. Dafür hatte der Kommissar seine Goldwaschanlage zerstört. Jetzt hockte Malchus am Feuer, hatte bereits eine Flasche geleert, war angetrunken und versuchte, mit immer derberen Worten den „Professor" zu reizen.

Der Fremde war jedoch müde und antwortete dem

Betrunkenen nicht.

„Sie da, haben Sie mich verstanden?" rief Malchus darum plötzlich. Die anderen wollten ihn beschwichtigen, aber der Fremde unterbrach sie.

„Lassen Sie ihn ruhig reden. Morgen früh wird er seinen Rausch ausgeschlafen haben."

„Sie aufgeblasener Stadtfrack!" schrie der Dicke, sprang von seinem Sitz auf und ergriff einen Ast vom Lagerfeuer. „Wenn Sie mir noch einmal so eine unverschämte Antwort geben, schlage ich diesen Zweig auf Ihrem Schädel kaputt, Sie... Sie Professor, Sie! Machen Sie, daß Sie vom Feuer verschwinden, sonst knicke ich Ihre dünnen Finger zusammen wie ein Taschenmesser!"

Damit wollte er sich auch schon auf sein Gegenüber stürzen, als er plötzlich mit harter Hand zurückgerissen wurde. Jemand packte ihn beim Kragen und stieß ihn unsanft auf seinen Platz zurück.

„Wollen Sie wohl friedlich bleiben?" sagte von Hafften mit ruhiger, aber entschiedener Stimme.

Malchus sah ihn erschrocken an. „Nanu, was gehen Sie denn meine Streitigkeiten an?"

„Das erzähle ich Ihnen gleich, wenn Sie wieder still und anständig sind. Für heute haben Sie genug dummes Zeug erzählt."

„Ja, verschwinde ins Zelt!" riefen auch die anderen.

Malchus knurrte etwas vor sich hin und hockte sich beleidigt neben das Feuer. Während dieses Auftrittes war der Fremde ruhig sitzen geblieben; nur seine Augen hatten mit wildem Glanz den Feind gemustert.

Gegen zehn Uhr ging von Hafften in sein Zelt. Er hatte schon einige Zeit geschlafen, als er durch eine Berührung geweckt wurde. Sein erster Griff galt dem Revolver, als eine Stimme sagte: „Keine Sorge, Herr von Hafften, ich bin es, Ihr Reisegefährte von der Straße. Ich wollte Ihnen für Ihre freundliche Unterstützung danken."

„Na schön, aber dafür haben Sie sich eine recht ungewöhnliche Stunde ausgesucht. Es muß doch bereits Mitternacht sein."

„Im Osten dämmert schon der Tag. Ich habe Sie auch nur so früh geweckt, weil ich Sie bitten wollte, mich zu begleiten. Niemand darf jedoch sehen, in welche Richtung wir gehen."

„Was? Niemand darf uns weggehen sehen? Was haben Sie denn vor?"

„Ich will zum Goldsee!"

„Zum Goldsee?"

„Psst! Nicht so laut! Die Zeltwände sind dünn. Sie waren immer freundlich zu mir. Ich kenne den Platz, der von so vielen gesucht wird. Aber alle suchen sie vergeblich."

„Sie wissen, wo der Goldsee ist?" entgegnete von Hafften und stand von seinem Lager auf.

„Ja, aber beeilen Sie sich", drängte der Fremde. „Wir könnten beobachtet werden, und dieser Gefahr möchte ich uns nicht aussetzen."

Von Hafften war völlig verwirrt. Er hatte diesen Fremden für einen harmlosen Spinner gehalten und ihn deshalb in Schutz genommen. Aber jetzt sprach er so zuversichtlich, daß von Hafften nicht wußte, ob er ihm glauben sollte oder ob es sich um einen Traum des Fremden handelte. Trotzdem kleidete er sich rasch an.

„Und was müssen wir mitnehmen? Unser Handwerkszeug?"

„Ich habe alles, was wir brauchen, vor dem Zelt liegen."

„Bleiben wir über Nacht?"

„Wahrscheinlich."

„Dann muß ich meine Decken mitnehmen."

„Wenn Sie wollen, aber wir können uns auch an einem guten Feuer wärmen."

„Besten Dank. Aber die Nächte sind jetzt schon sehr kalt."

„Sie müssen sie halt tragen. Für Lebensmittel habe ich auch gesorgt. Jetzt aber los, wir dürfen keine Zeit mehr verlieren!"

Von Hafften steckte einen kleinen Taschenkompaß und seinen Revolver ein. Erst als er die frische Morgenluft im Gesicht spürte und in dem ungewissen Dämmerlicht über die großen Kiesel im Oak-Creek stolperte, kam er richtig zur Besinnung.

„Jetzt müssen Sie mir aber endlich erklären, wohin wir eigentlich wollen. Ich habe immer noch nicht so richtig begriffen, was wir vorhaben."

„Glauben Sie, daß ich es ehrlich mit Ihnen meine?" entgegnete sein Gefährte und sah ihn dabei an. Von Hafften wunderte sich über das totenbleiche Gesicht und die funkelnden Augen des Mannes. Trotzdem antwortete er: „Ja, das glaube ich."

„Dann vertrauen Sie mir."

„Aber ich darf doch wohl wissen, wohin wir gehen?"

„Natürlich. Es kann für Sie kein Geheimnis bleiben. Wenn wir den Hügelrücken dort erreicht haben, der sich nach links mit einer scharfen Kante zum Turon hinabzieht, sehen wir ein ausgezacktes Gebirge. Das ist unser Ziel. Wir können es, wenn wir gut marschieren, in etwa drei Stunden erreichen."

„Und dort soll der sagenhafte Goldsee liegen?" erkundigte sich von Hafften ungläubig. „Sind Sie Ihrer Sache auch völlig sicher? Ich habe nämlich keine Lust, ein paar Tage in diesen Bergen einem Phantasiegebilde nachzuklettern."

„Ich bin mir sicher, glauben Sie mir. Ich will kein Gold. Mich zieht etwas anderes dorthin. Was Sie von den Schätzen mitnehmen können, ist Ihr Eigentum. Aber zögern Sie nicht weiter, wenn uns jemand folgt..."

„Nun ja, wenn Sie ein solches Goldnest kennen, warum nicht auch den anderen die Freude gönnen?"

„Kommen Sie, das verstehen Sie nicht", antwortete sein Begleiter und schritt den Hang hinauf.

Von Hafften hatte Mühe, mit seinem sonderbaren Freund Schritt zu halten. Was hatte es mit dem Goldsee auf sich? War wirklich etwas dran an der Geschichte, die er erst gestern am Lagerfeuer gehört hatte? Die Gedanken wirbelten ihm durch den Kopf. Er erinnerte sich, daß jemand erzählt hatte, in einem großen Steinbecken hätte sich Alluvialgold durch die günstigen Bodenverhältnisse gesammelt. Unmöglich erschien ihm dies nicht. Wie reich die Berge waren, hatte sich in den letzten Wochen gezeigt. Sollte sich der Platz als nicht so ergiebig zeigen – nun, dann war es eben ein Ausflug in die Berge. Von Zeit zu Zeit warf von Hafften einen Blick auf seinen Kompaß, denn er fürchtete nichts mehr, als sich in dieser Gegend zu verirren. Wie viele waren schon in der Wildnis verschollen!

Mit der Zeit erwies es sich, daß von Hafftens Führer sich bestens in den Bergen auskannte. Er hielt genau die Richtung ein, und nach kaum einer halben Stunde hatten sie den Hügelkamm erreicht. Von hier aus bot sich ihnen ein freier Blick nach Osten. In diesem Augenblick stieg über dem ausgezackten Grat der nächsten Bergreihe die glühende Sonnenscheibe empor. Sie warf durch die dünnen Morgenschwaden einen fahlen Schein auf die weite Berglandschaft, die von hier oben einem Meer von riesigen Wogen glich.

„Ist das der Gebirgszug, den wir erreichen müssen?" erkundigte sich von Hafften. Er bemerkte, daß sein Begleiter mit fast ängstlichem, forschendem Blick die Berge absuchte.

„Dort!" rief er plötzlich und zeigte mit seinem Arm fast genau auf die Sonne am Horizont. „Das Licht hatte mich geblendet... und jetzt weiter, damit wir hier nicht unsere Zeit vertrödeln."

Ohne eine Antwort abzuwarten, ging er zielstrebig weiter. Von Hafften mußte sich beeilen, um an seiner Seite zu bleiben. Der Weg war ziemlich beschwerlich; kreuz und quer liegende Quarzblöcke behinderten die beiden Männer.

Als sie den nächsten Taleinschnitt erreicht hatten, gingen sie durch ein völlig ausgetrocknetes Flußbett. Hier brauchten sie nicht zu befürchten, einem der Goldgräbertrupps zu begegnen, denn die benötigten für ihre Goldsuche immer Wasser.

Auf der anderen Seite des Flußbettes ging es eine Weile steil bergauf. Endlos zog sich der Weg hin, und die vereinzelt stehenden Bäume spendeten kaum Schatten. Von Hafften wurde müde. Die Zunge klebte ihm am Gaumen, die Glieder wurden ihm schwer. Sein Begleiter jedoch sprang immer noch munter von einem Felsblock zum anderen, sah sich lächelnd um und rief dem Baron schließlich zu: „Nur noch wenige Minuten Geduld, mein Freund. Ich führe Sie zur Belohnung an meine Zisterne. Dort können wir eine Weile ausruhen und frühstücken."

„Das ist gut, denn mir ist schon sehr warm geworden. Haben Sie den Brunnen hier oben angelegt?" erkundigte sich von Hafften und wischte sich den Schweiß von der Stirn.

„Nein, es ist eine natürliche Zisterne. Sehen Sie den großen Stein da vor uns, gleich zwischen den beiden Stringybarkbäumen?"

„Ja, er sieht aus wie ein Sarg."

„Bis dahin müssen wir noch. Dann zeige ich Ihnen ein Wunder, für das allein sich schon die Mühe gelohnt hat."

Nach zehn Minuten hatten sie den Stein erreicht, und von Hafften setzte sich erleichtert in dessen Schatten.

„Diese Kletterei soll der Teufel holen! Jetzt wollen wir uns erst einmal stärken."

„Noch sind wir nicht oben – das Schlimmste liegt eigentlich noch vor uns", sagte von Hafftens Begleiter und lächelte.

„Das sind ja herrliche Aussichten! Na gut, wenn ich mich eine Weile ausgeruht habe, bin ich wieder mit von der Partie. Jetzt zapfen Sie aber erst einmal Ihren Brunnen an! Mir kleben die Lippen schon zusammen."

Der junge Mann zog aus seiner Tasche einen ledernen Becher und steckte ihn in eine der Felsspalten.

„Trinken Sie, aber vorsichtig, das eiskalte Wasser könnte Ihnen schaden", sagte er und hielt von Hafften den Becher hin.

„Eiskalt in dieser Sonnenglut?"

„Probieren Sie!"

„Aah – herrlich! Aber wie ist das möglich?"

„Durch Zufall habe ich diese Quelle entdeckt. Wahrscheinlich ist der Stein innen hohl. Da hindurch sickert das Wasser, sammelt sich hier unten und bleibt kalt wie in einem Eiskeller."

„Wie sind Sie denn darauf gekommen? Jeder andere würde neben dem Stein verdursten, ohne etwas von seinem Inhalt zu ahnen."

„Als ich einmal diesen Hang hinaufkam, sah ich einen Emu, der seinen Kopf dort hineinsteckte. Ich untersuchte dann die Stelle und fand den Brunnen. Er enthält bestimmt mehrere Eimer Wasser."

Jetzt packten die Männer ihre Lebensmittel aus und stärkten sich für den Weitermarsch. Selbst bei sehr rauhem Gelände würden sie ihr Ziel in einer Stunde erreichen, versicherte von Hafftens Begleiter.

Von Hafften hatte ihn noch nie so heiter gesehen. Er erzählte aus seinem Leben und sprach auch von einer wunderschönen Frau, deren Hand sie jetzt ihrem Ziel entgegenführen sollte.

Von Hafften sagte lächelnd: „Eine schöne Frau wird sich wahrscheinlich zwischen diesen Felsen nicht besonders wohl fühlen. Gut, daß sie jetzt nicht bei uns ist, denn wir müßten sie sicherlich abwechselnd tragen."

„Sie tragen? O nein, Sie sollten sie über die Steine tanzen sehen!" sagte der Fremde und warf von Hafften einen merkwürdigen Blick zu.

„Das wäre ein Kunststück", antwortete der Baron. „Aber wie steht's? Wir haben uns ausgeruht, und wenn es Ihnen recht ist, setzen wir unseren Marsch fort. Nachdem Sie diese wunderbare Quelle gefunden habe, glaube ich langsam auch an den Goldsee."

„Jetzt erst? Sie sind doch schon den ganzen Hang hinaufgestiegen! Aber wir haben noch Zeit. Wir dürfen den Platz nicht vor der Abenddämmerung erreichen."

„Nicht vor der Abenddämmerung?" wiederholte von Hafften erstaunt.

„Nein", sagte sein Begleiter leise, „sie will es nicht."

„Sie? Wer?"

„Pst, kommen Sie. Wir gehen langsam vorwärts, denn der Weg ist schwierig, und Sie sind die Felsen nicht gewöhnt."

„Aber hier geht es doch prima!"

„Sind Sie schwindelfrei?"

„Ich glaube schon."

„Das ist gut. Sie haben heute vielleicht Gelegenheit, Ihre Schwindelfreiheit zu erproben", erwiderte der Fremde, griff nach seinem Bündel und stieg weiter bergauf.

Die Entdeckung

Wilde Gesteinsmassen lagen jetzt unter ihren Füßen. Es sah aus, als hätte ein Erdbeben den mächtigen Gebirgsstock auseinandergerissen. Von Hafften hatte sich in der Entfernung erheblich verschätzt und geglaubt, das letzte Stück Weg in einer halben Stunde zu schaffen. Noch mehr beunruhigte ihn aber, daß sie jetzt die Quarzregion verlassen hatten und nur noch von Granitsteinen umgeben waren. Sein Führer jedoch schritt unbekümmert voraus, bog hier in eine Felsspalte, dort um eine Wand. Oft wurde der Weg tatsächlich gefährlich. Von Hafften hatte sich nach der Sonne die Richtung gemerkt. Jetzt waren von Nordwesten her dünne Wolken aufgezogen, die die Berge immer dichter einhüllten. Schon sah die Sonne wie ein rotglühender Feuerball aus, der an der grauen Himmelsdecke klebte. Mehr und mehr verschwanden ihre Umrisse in den Nebelmassen.

„Ist es noch weit?" erkundigte sich von Hafften, als sie wieder einmal eine gefährliche Stelle erreicht hatten. Ein Fehltritt genügte, und sie wären in den Abgrund gestürzt. „Das hier ist ein verdammter Weg! Wenn uns der Nebel einholt, wird uns nichts anderes übrigbleiben, als da zu rasten, wo wir uns gerade befinden."

„„Böser Nebel", murmelte der Fremde vor sich hin. „Böser, heimtückischer Nebel! Als hätte er in den Spalten gelegen und auf uns gelauert. Doch ich kenne diese schleichenden Gesellen. Es sind die Wächter des Schatzes, die ihn vor Menschenaugen verborgen halten und ihre weißen Arme ängstlich darüberlegen. Aber das hilft ihnen nichts! Schon oft habe ich ihnen getrotzt, und wenn sie erscheint, müssen sie in ihre Felslöcher und Klüfte zurückflüchten."

Der junge Mann war auf einem vorspringenden Felsen dicht am Abgrund stehengeblieben und schüttelte zornig eine Faust. Sein Haar hing ihm wirr in die Stirn, sein Gesicht war bleich und erregt, seine Augen funkelten, als ob er mit lebenden Wesen sprechen und ihnen seinen Zorn entgegenschleudern würde.

Von Hafften sah ihn erstaunt an. So hatte er den jungen, ruhigen Mann noch nie erlebt.

„Passen Sie auf!" rief er, halb lachend, halb besorgt. „Sie stehen auf einer kleinen Klippe, und wer weiß, ob sie sicher ist! Wenn Sie hier abstürzen, habe ich das Vergnügen, Sie runterzutragen, wo ich doch selbst kaum noch laufen kann! Tun Sie mir den Gefallen, und kommen Sie weg von der Klippe!" Bei diesen Worten griff er den Arm seines Begleiters, der seine Worte aber nicht zu hören schien. „Ich werde nervös, wenn ich Sie da so stehen sehe, als würden Sie jeden Augenblick die Flügel ausbreiten und wie ein Falke in den Nebel abstreichen wollen."

„Noch nicht", erwiderte der Angesprochene ruhig. „Vorher müssen wir noch um diesen Bergkopf herum. Dort öffnet sich vor uns das weite Land. Wenn uns der Nebel keinen Streich spielt, verspreche ich Ihnen eine wundervolle Aussicht!"

„Und dann fliegen wir also", sagte von Hafften und lachte. „Aber Sie erinnern sich hoffentlich, daß wir nicht nur der schönen Aussicht wegen hier heraufgestiegen sind. Mit Klettern und Ausruhen wird der Tag bald vergangen sein, und es gibt noch keine Spur von den versprochenen Schätzen. Haben Sie eine Ahnung, wie weit wir jetzt noch von Ihrem berühmten Goldsee entfernt sind?"

Der junge Fremde hatte plötzlich von Hafftens Arm ergriffen. Er antwortete nicht, sondern lauschte gespannt in den Nebel hinaus.

„Was ist, hören Sie etwas?"

„Pst, hören Sie nicht?"

Von Hafften lauschte eine Weile schweigend und schüttelte dann den Kopf. „Nichts. Sollten etwa Menschen in der Nähe sein?"

„Menschen?" wiederholte der Fremde und betrachtete von Hafften spöttisch. „Jetzt weiter, wir sind bald am Ziel. Das waren ihre Harfenklänge, die mich jedesmal begrüßen, wenn ich an dieser Stelle bin. Vorwärts, denn für heute hat sie mir fest versprochen, mich in den Tempel ihrer Gottheit zu bringen! Vorwärts, vorwärts – nur noch um den Bergkopf herum, und ein Himmel wird sich uns öffnen!"

Von Hafften erschrak. Die Gesichtszüge seines Begleiters verklärten sich, und zum ersten Mal kam ihm die Erkenntnis, daß er dem Fremden ziemlich unüberlegt in die Wildnis gefolgt war. Ein dunkler Verdacht stieg in ihm auf: War der Mann wahnsinnig? Aber konnte er nicht trotzdem ein reiches Goldlager entdeckt haben, so wie er die Zisterne gefunden hatte?

Sein Begleiter ließ ihm keine Zeit zu weiteren Überlegungen. Ohne eine Antwort abzuwarten, hatte er wieder den Weg aufgenommen. Wie eine Gemse sprang er über die runden Felsstücke hinweg. Von Hafften folgte ihm, weil er befürchtete, daß er sich allein in dem immer stärker werdenden Nebel verirren würde. Er warf einen Blick auf den Kompaß und murmelte einen halblauten Fluch in den Bart, als er von einem glatten Stein abrutschte.

Feucht und kalt stieg der Nebel aus dem Tal. Kleine glitzernde Tropfen hingen von Hafften im Bart. Ihn fröstelte. Bald wurde ihm jedoch wieder warm, denn sein Begleiter ließ ihm keine Zeit zum Ausruhen.

Jetzt hatten sie einen kleinen Vorsprung erreicht. Als von Hafften den jungen Mann einholte, rief er: „Na, an diesen Weg werde ich mich mein Leben lang erinnern! Ich wünsche mir nichts weiter, als daß wir mit heilen Knochen bald wieder auf sicherem Boden stehen."

„Hören Sie jetzt die Harfenklänge?" rief der Fremde und streckte seinen Arm in den Nebel hinaus.

Von Hafften horchte, konnte aber nur den Wind hören, der durch eine Schlucht heulte.

„Harfenklänge?" fragte er und lachte. „Das müßte eine Loreley sein, denn hier braucht doch jeder Mensch seine

Hände, um sich an diesen steilen Hängen festzuhalten. Das wäre genauso, als würde ich unterwegs Geige spielen. Haben wir Ihren Goldsee noch nicht erreicht?"

„Sprechen Sie hier nicht zu laut", sagte der Fremde, „denn sie kann uns hören. Wenn sie uns zürnt, weil ich noch ein anderes sterbliches Wesen in ihr Heiligtum gebracht habe – wenn sie die weiße, furchtbare Hand drohend nach uns ausstrecken würde, wie einmal nach mir, als ich ihr trotzte –, so würden morgen dort unten die Raben und Dingos an unseren Knochen nagen. Sehen Sie einmal dorthin!"

Wieder zeigte er mit dem Arm in den Nebel hinaus. In diesem Augenblick zerriß ein Windstoß den Nebelschleier für kurze Zeit, und von Hafften sah direkt vor sich einen schroffen Abgrund. Erschrocken wich er bis an die Felswand zurück. Gleichzeitig schien hier der Pfad zu Ende zu sein. Soweit der Baron sehen konnte, ging es am Ende der Steinplatte, auf der sie standen, steil nach unten.

„Alle Teufel!" rief er erschrocken aus. „Sie eröffnen uns ja herrliche Aussichten! Mir läuft es siedendheiß den Rücken herunter, wenn ich nur in diese Tiefe sehe. Wir wollen doch nicht etwa da hinunter?"

„Hinab, mein Freund!" Der Fremde lachte. Seine Augen leuchteten dabei, und seine Gestalt straffte sich. „Da hinab, gleich dort unten liegt der Goldsee, der von keiner anderen Stelle aus erreichbar ist. Wie oft bin ich schon hinabgestiegen!"

Von Hafften beugte sich etwas vor, um hinunterzusehen. Er konnte dort nicht stehenbleiben; den Kopf nach vorn gebeugt, erfaßte ihn sofort ein Schwindelgefühl. Er bemerkte zwar kleine, vorstehende Felsspitzen, die es vielleicht ermöglichten, einen Fuß darauf zu stellen, aber man würde dann über einer unergründlichen Tiefe schweben. Dem jungen, sonst so mutigen Baron zitterten die Knie.

„Da habe ich mich aber schön anführen lassen", sagte er finster. „Und wenn hier alle Schätze der Welt und aus den Märchen von Tausendundeiner Nacht versammelt wären, ich würde keinen Fuß in diese unsichere Wand setzen."

„Haben Sie den Mut verloren?" erkundigte sich sein Begleiter. Er bewegte sich auf dem schmalen Sims so sicher, als ob er auf ebener Erde stünde. „Ja, mein lieber Freund, ein solches Ziel ist auch nicht leicht zu erreichen. Wer das Höchste gewinnen will, muß eben auch das Höchste dafür einsetzen – sein Leben."

„Wenn für mich Gold das Höchste wäre, dann vielleicht", entgegnete von Hafften. „Aber einmal abgesehen davon, daß ich gar keine Möglichkeit sehe, auch nur eine Tasche voll mit schwerem Gold hier herauf zu bringen, so verzichte ich auf jeden Gewinn, wenn ich meine gesunden Knochen dafür einsetzen soll."

„Gold!" rief der junge Mann verächtlich und trat an den äußersten Rand des Abgrundes.

„Um Gottes willen, passen Sie auf, Sie stürzen sonst ab!"

„Gold! Glauben Sie, daß ich wegen diesem elenden Metall hier heraufgestiegen bin?"

„Na, Sie machen mir Spaß! Vielleicht, um die herrliche Aussicht auf die Nebelbank zu genießen?" sagte von Hafften. Er lachte, aber sein Lachen erstarb ihm auf den Lippen, als er die Veränderung im Gesicht seines Gefährten bemerkte.

„Da... da sind sie wieder, die wunderbaren Klänge!" rief der Fremde aus. Seine Augen schienen zu glühen, sein ganzer Körper zitterte. Weit hinausgebeugt stand er über dem Abgrund.

„Sie rufen! Sie locken! Mensch, haben Sie Fischblut in den Adern, daß Sie das hören können, ohne vor Entzükken aufzujubeln? Kommen Sie... kommen Sie, das Tor ist offen, die Göttliche lädt uns ein... kommen Sie, was stehen wir hier auf dem kalten Felsen... hinab, hinab, jede Sekunde des Zögerns ist der Seligkeit entzogen!"

Er packte von Hafften am Arm und wollte ihn zum Abgrund ziehen. Der Baron hielt sich jedoch an einer Felsspalte fest. Jetzt war er sicher, daß er es mit einem Wahnsinnigen zu tun hatte. Von seiner Geistesgegenwart allein hing sein Leben nun ab. Ein Kampf auf dem schmalen Grat mußte unweigerlich mit dem Absturz beider enden! Nur eine List konnte ihn retten.

„Was ist das da drüben?" flüsterte er darum jetzt.

„Wo?" rief der Wahnsinnige und ließ ihn los, um sich in die Richtung zu drehen, in die von Hafften zeigte.

In diesem Augenblick hätte ein Stoß genügt, um ihn in den Abgrund zu stürzen. Aber Mord? Das wollte der Baron nicht auf sich nehmen. Also fuhr er fort: „Dort drüben, die weiße Gestalt! Sehen Sie nicht, wie sie den Arm hebt... zu uns herüberwinkt? Sie droht, sie zürnt, weil Sie einen Fremden in ihr Gebiet mitgebracht haben!"

„Das habe ich geahnt", stöhnte der Wahnsinnige, der keinen Moment lang an der Erscheinung zweifelte. „Was tun wir jetzt?"

„Kehren wir um", sagte von Hafften bestimmt. „Wir dürfen ihr nicht trotzen!"

„Nein... aber... um Himmels willen, zurück?"

„Wir versuchen es später noch einmal, wenn die Sonne

scheint. Vielleicht ist die Fee uns dann freundlicher gesonnen!"

„Zurück? Heute, da ich das Ziel meiner jahrelangen Sehnsucht vor Augen habe? Nie! Warten Sie hier, ich gehe voraus."

Rasch warf er sein Bündel ab und trat wieder an den Rand des Abgrundes.

„Passen Sie auf, Sie gehen dem sicheren Tod entgegen!"

„Wer will mich halten?" fragte der Unglückliche. Von Hafften ließ seine Hand sinken, als er den Blick des Mannes sah.

„Da ertönt die Harfe wieder!" rief der Wahnsinnige und richtete sich auf. „Sie zürnt nicht mehr! Folgen Sie mir!"

Mit völliger Ruhe schwang er sich über den Rand des Felsens. Seine Füße fanden für einen Moment sicheren Halt auf einem der kleine Vorsprünge. „Setzen Sie den Fuß dahin, wo ich jetzt die Hand habe!" rief er zurück, und sein Kopf verschwand hinter dem Vorsprung.

Von Hafften beugte sich in Todesangst vor, um dem Gefährten nachzusehen.

„Nun, was ist? Kommen Sie?

Der Fremde drehte sich dabei halb auf dem Stein um. Von Hafften kam es für einen Augenblick so vor, als hätte er tatsächlich früher diesen Weg öfter genommen, so ruhig bewegte er sich über dem Abgrund. Aber in diesem Moment verlor er auf dem schlüpfrigen Stein den Halt.

„Um Gottes willen, Sie fallen!" schrie von Hafften.

Ein kurzer Schrei antwortete ihm. Die um den Stein gekrallten Finger gaben nach, und die dunkle Gestalt verschwand in den Nebelschwaden. Sekundenlang

herrschte Totenstille. Von Hafften warf sich entsetzt auf den Vorsprung zurück, als ein dumpfer Ton von unten heraufkam. Dann verlor er das Bewußtsein...

Nach langer Zeit brachte ihn die Kälte wieder zu sich. Die Sonne mußte schon untergegangen sein. Ein Sturm heulte durch die Schluchten, fahles Licht gab den Blick auf eine waldige Landschaft frei. Der Nebel hatte sich gelichtet. Fliehen – das war von Hafftens erster Gedanke. Wenn ihn die Nacht hier überraschen würde, wäre er verloren. Weiter unten war der Weg breiter, und er konnte dort unter einem Vorsprung lagern.

Was war mit seinem unglücklichen Begleiter geschehen? War er wirklich tot? Mußte der Baron sich nicht erst davon überzeugen, ehe er die Stelle verließ? Vorsichtig schob er sich auf dem Bauch an den Rand des Abgrundes und sah hinunter. Aber wegen der überhängenden Felsen war ihm die Sicht versperrt. Bei Tagesanbruch konnte er vielleicht versuchen, die Wand zu umgehen und weiter unten nach dem Unglücklichen zu forschen.

Kalt wurde es, und die Nacht brach schnell herein. Mehrere gefährliche Stellen mußte von Hafften noch passieren, und das Herz schlug ihm dabei bis zum Hals. Als er endlich eine sichere, breite Stelle erreicht hatte, sank er vor Schwäche auf den Felsen. Mit letzter Kraft rollte er seine Decken aus und wickelte sich fest ein. Mitten in der Nacht wurde er von einem Wasserguß geweckt und mußte feststellen, daß er direkt in einer Wasserrinne lag. Aber in der Dunkelheit konnte er den Platz nicht wechseln, sondern richtete sich nur auf, um der Wasserflut auszuweichen. Der Sturm peitschte den Regen um die Felsen, und zitternd vor Kälte erwartete der Baron den Morgen.

Kapitän Becker in den Minen

An diesem Tag erlebten auch die deutschen Goldgräber eine böse Überraschung. Zachäus hatte, nach verschiedenen Versuchen, seine Maschine endlich soweit wiederhergestellt, daß er am nächsten Morgen mit der Goldwäscherei anfangen konnte. Smith, der alte Schäfer, suchte die Nachbarschaft nach Goldstellen ab. Spät am Abend kehrte er zurück und erklärte seinen Kameraden, daß sie am nächsten Tag einen großen Gewinn machen würden. Als Belohnung spendierten sie ihm eine Flasche

Brandy – allerdings unter der Bedingung, am nächsten Morgen munter und frisch zu sein. Und daran hielt er sich gewissenhaft. Zwei Stunden vor Tagesanbruch kroch er vorsichtig aus dem Zelt, rollte seine Decken zusammen, steckte die noch halbvolle Brandyflasche zu sich und ging dann auf die Berge zu.

Wenig später stand Zachäus auf, um sich einen Kaffee zu kochen. Der Schäfer sollte das Feuer entfachen. Erstaunt mußte Zachäus feststellen, daß der alte Smith sein Lager geräumt hatte. Schnell weckte er die anderen. Fluchend wurde die Umgebung abgesucht, bis sie einsehen mußten, daß Smith verschwunden war. Jetzt setzten sie alle Hoffnung auf Zachäus und dessen Maschine, aber die war nur dazu geeignet, aus hineingeworfenem Gestein Gold herauszuwaschen, und keiner der drei hatte Lust, Löcher in den Boden zu graben und dort nach Gold zu suchen. Bald darauf gaben die Städter auf und überließen Zachäus seinem Schicksal. Mit einer Erfahrung, die sie 120 Pfund Sterling gekostet hatte, aber dafür mit einer Wut für mindestens 240 Pfund im Bauch, gingen sie nach Sydney zurück.

Unterwegs trafen sie viele, die das Graben in den Bergen aufgegeben hatten. Diese Männer hatten schnell gemerkt, daß die Goldsuche in jedem Fall eine sehr harte Arbeit war, die nicht immer zum Erfolg führte.

Am Turon, etwa fünfhundert Schritte von den Händlerzelten entfernt, schaufelten zwei Männer in einer neuen Grube. An ihrer Arbeitsweise konnte man erkennen, daß diese Arbeit für sie völlig ungewohnt war.

„Furchtbare Schinderei, Steuermann!“ sagte einer von ihnen und richtete sich auf. „Daß mich der Teufel auch gereizt hat, den Unsinn mitzumachen – wenn's nicht nur aus Spaß wäre!"

„Verdammt wenig Spaß, Kapitän", sagte der andere brummig. „Wenn das ein Vergnügen sein soll, möchte ich wissen, was Tanzen ist."

„Aber wir können wenigstens später sagen, daß wir dabeigewesen sind", entschuldigte sich sein Vorgesetzter. „Schockschwerenot! Jetzt in Australien sein und nicht mal ein paar Unzen Gold selbst herausgebuddelt zu haben – die lachen uns ja aus, wenn wir nach Hause kommen und davon erzählen!"

„Dann sollen sie herkommen und selbst einmal graben", antwortete der Steuermann.

„Wenn wir nur ein ordentliches Stück fänden!"

„Ja, wenn – das hat Zeit. Wenn ich Glück gehabt hätte, wäre ich heute nicht in Australien und würde Löcher in die Landschaft graben"

„Na, wer weiß, vielleicht glückt es doch einmal, und wo wir gerade hier sind, können wir die Zeit auch nutzen." Der Kapitän lachte.

„Gerade hier sind? Als ob wir aus Versehen heraufgekommen wären! Ich glaube, wir hatten Mühe genug, bis wir diesen verdammten Platz erreicht haben. Und wie wird's inzwischen auf dem Schiff zugehen? Die Landratte von Steward ist doch den Zwieback nicht wert, den sie frißt! Ich wette meinen Kopf, daß er den alten Kasten noch nicht einmal ausgepumpt hat, und wenn ihm das Wasser bis zum Hals steht!"

„Du hast recht, aber darüber brauchen wir uns nicht den Kopf zu zerbrechen. Dafür sorgt schon Mr. Pitt. Er hat mir versprochen, immer nachzusehen. Sowie die Aussicht besteht, daß wir neue Leute bekommen können, schickt er einen Boten her."

„Weiß denn Mr. Pitt, wo genau wir buddeln?"

„Er weiß, daß wir in den Minen sind. Wir wollten uns ja hier oben umsehen, ob wir nicht ein paar der Ausreißer erwischen", sagte der Kapitän und lachte wieder.

„Na ja, da unten steckt jedenfalls keiner von ihnen."

„Wenn wir wirklich etwas finden, dann erzähle ich Mr. Pitt schon selbst, daß wir gegraben haben."

Die Männer nahmen ihre Arbeit wieder auf, als ein Uniformierter – es war Leutnant Beatty – geritten kam. Die Seeleute hatten schon so tief gegraben, daß sie kaum noch über den Grubenrand sehen konnten. Der Kapitän arbeitete mit aller Kraft und warf die Erde weit hinaus. Jetzt richtete er sich mit feuerrotem Gesicht auf, lehnte den Spaten an die abgestochene Wand und nahm sein Taschentuch heraus. In diesem Augenblick begegnete er dem Blick des Reiters. Der Kapitän zuckte vor Schreck zusammen.

Dem Reiter jedoch schien diese Begegnung großen Spaß zu machen. Zunächst blickte er mit Erstaunen in das ihm zugewandte Gesicht, dann drängte er sein Pferd an den Grubenrand und rief laut: „Kapitän Becker! Bei allem, was da lebt und hackt – auf frischer Tat ertappt mit der Goldschaufel in der Hand und schwitzend wie sonstwas! Mann, habe ich Sie tatsächlich erwischt? Und wer hat denn in Sydney geprahlt, daß er gar nicht daran dächte, ein Werkzeug in die Hand zu nehmen?"

Kapitän Becker schossen im ersten Augenblick die verrücktesten Gedanken durch den Kopf. Er wollte sich einfach zur Seite drehen und so tun, als wäre er nicht der Kapitän Becker, für den man ihn hielt. Doch Leutnant Beatty hatte ein zu scharfes Auge, um sich so plump täuschen zu lassen. So wurde der Kapitän noch etwas verlegener und sagte mit einem verunglückten Lächeln: „Ah, guten Morgen, Leutnant – sehr erfreut, Sie zu sehen!"

„Wirklich?"

„Ja, ja, wenn ich es sage!"

„Sie sind unter die Goldgräber gegangen? Dabei waren Sie derjenige, auf den ich meine letzte Hoffnung gesetzt hatte, daß er der Versuchung widerstehen würde."

„Na, die Versuchung ist nicht gerade groß!" sagte der Steuermann und lachte.

„Versuchung? Nee, wirklich nicht!" Jetzt lachte auch der Kapitän. Noch ganz verwirrt von der Überraschung, griff er wieder nach dem Spaten. Gleich darauf ließ er ihn aber fallen, als hätte er eine glühende Kohle in die Hand genommen.

„Aber was soll man denn sonst hier oben in den Bergen vor lauter Langeweile machen?"

„Haben Sie denn wenigstens schon was gefunden?"

„Ja, das Haar in der Suppe", sagte der Steuermann. „Je eher wir wieder an Bord gehen, desto besser."

Der Polizist hatte dem Steuermann jedoch kaum zugehört, denn schon beschäftigten ihn wieder andere Gedanken. „Kapitän, kann ich Sie kurz allein sprechen?" fragte er.

„Natürlich, sofort!" rief der Kapitän, heilfroh, daß das Gespräch eine andere Wendung genommen hatte. Er kletterte aus der Grube und ging mit dem Polizisten ein paar Schritte zur Seite.

„Sie kennen doch Mr. Holleck, den wir bei Mr. Pitt getroffen hatten?" erkundigte sich Beatty.

„Diesen netten jungen Mann, der so gut erzählen konnte? Ja, was ist mit ihm?"

„Sind Sie ihm hier oben in den Minen begegnet?"

„Wieso – ist er hier oben? Ich dachte, er wollte unten in Sydney ein Geschäft eröffnen?"

„Seine Geschäfte sind etwas gestört worden. Sollten Sie ihm hier begegnen, so geben Sie bitte mir oder einem anderen Polizisten sofort Bescheid, ja?"

„Nanu, was ist denn vorgefallen?"

„Dieser Holleck ist ein nichtsnutziger Halunke, weiter nichts. Aber bitte sprechen Sie vorläufig noch nicht darüber. Sie verstehen?"

„Ja, sicher, Sie können sich auf mich verlassen. Eins möchte ich aber doch wissen – ist Mr. Pitt etwas zugestoßen?"

„Das Schlimmste hat er überstanden. Doch ich habe jetzt keine Zeit, Ihnen das alles zu erzählen."

„Also, dieser Holleck..."

„Pst, nicht so laut! Passen Sie bitte ein wenig auf, und jetzt guten Morgen, Kapitän. Hacken Sie nicht zu fleißig. Sie sind ja mit Feuereifer an die Arbeit gegangen, und jetzt wird Ihr Steuermann schon ungeduldig!"

„Der? Ach was! Der Kapitän lachte. „Aber noch etwas, Mr. Beatty. Gehen Sie wieder nach Sydney zurück?"

„Ja, aber noch nicht gleich. Mein Dienst wird mich hier mindestens eine Woche festhalten."

„Sollten Sie früher zurückkommen als ich, so...", sagte der Kapitän, stockte dann aber.

„... erwähne ich nichts von unserem Zusammentreffen", ergänzte lächelnd der Leutnant.

„Genau das meinte ich", sagte der Kapitän erleichtert. „Lassen Sie es, bis ich hinunterkomme. Ich erzähle es dann selber allen."

„Das ist ein Wort. Good bye. Ich muß zum Camp hinauf, um dort noch einige Anordnungen zu treffen."

Beatty nickte dem Kapitän freundlich zu, wendete sein Pferd und setzte seinen Weg fort. Er wollte an allen Löchern vorbeireiten. Wenn er auch nicht hoffen konnte, Holleck dabei zu erwischen – das eine oder andere bekannte Gesicht würde er bestimmt sehen.

Kapitän Becker nahm inzwischen mit seinem Steuermann die Arbeit wieder auf. Tiefer und tiefer wurde die Grube, schließlich füllte sie sich etwas mit Wasser. Als sie den Platz verließen und am anderen Morgen wieder mit der Arbeit begannen, stand das Wasser fast einen halben Meter hoch. Der Steuermann schimpfte, daß das Loch ein Leck bekommen hätte und jetzt alle Mann an die Pumpen müßten. Nach langem Schöpfen und Schaufeln kamen sie schließlich auf den Grund, und der Kapitän konnte tatsächlich etwas Gold herauswaschen. Der Steuermann sprach jedoch nicht von einem Lohn für die Arbeit, sondern höchstens von einem Trinkgeld.

Gegen vier Uhr nachmittags hörten die beiden auf zu graben. Der Steuermann schulterte das Werkzeug, und langsam gingen sie zu den Zelten. Sie durchquerten ein Stück Wald und liefen direkt auf den Fluß zu. In diesem Moment kam eine Gestalt den Hang hinunter. Kapitän Becker meinte, den Mann zu kennen, und sein erster Gedanke galt Holleck. Aber dieser Mann war schmächtiger. Außerdem hatte Holleck ein volles Gesicht; jener aber sah bleich aus, und seine Augen lagen tief in den Höhlen. Als der Fremde den Weg erreicht hatte, schien es, als würde er zusammenbrechen. Er warf sich mitten auf der Straße nieder und atmete tief und schwer.

„Nanu, dieses Gesicht sollte ich doch kennen“, sagte der Kapitän, der neben ihm stehengeblieben war und ihn erstaunt betrachtete. „Wo habe ich nur...“

8 9125-14

Der Fremde drehte erschöpft den Kopf zu ihm und betrachtete ihn einen Moment. Dann sagte er in deutscher Sprache: „Kapitän Becker – haben Sie einen Tropfen Kognak bei sich?"

„Immer", antwortete der Kapitän und griff nach der Flasche, die er in der Brusttasche trug. „Aber wer sind Sie eigentlich? Sie kennen meinen Namen, wir haben uns auch schon gesehen, aber ich kann mich nicht genau daran erinnern, wo das war."

Der Wanderer nahm die Flasche und trank einen langen Zug. Als er sie zurückreichte, sagte er: „Das tut gut. Tausend Dank, Kapitän, Sie wissen gar nicht, wie wohl mir das tat. Ich bin todmüde. Aber kennen Sie mich wirklich nicht mehr?"

„Keine Ahnung! Ist aber auch kein Wunder. Selbst wenn wir jahrelang auf einem Schiff zusammen gefahren wären, könnte ich Sie nicht erkennen. Sie sind ja von Schlamm und Erde förmlich überkleistert! Hatten Sie sich verirrt?"

„Ja, und einen furchtbaren Marsch habe ich hinter mir. Aber erinnern Sie sich nicht an den Abend bei Pitts in Sydney, wo wir zusammen musizierten? Sie auf der Harmonika, ich auf dem Klavier."

„Herr von Hafften! Bei allen Seehunden der Welt! Na, Ihnen haben ja die Minen toll mitgespielt! In welchem Schlammloch haben Sie denn übernachtet?"

„Ich sehe gut aus, nicht wahr?"

„Weiß Gott! Ihr Anzug scheint nur noch vom Dreck zusammengehalten zu werden."

„Ich bin vollkommen erledigt und mußte hier erst einmal einen Augenblick ausruhen. Dann will ich weiter zur Zeltstadt. Was aber machen Sie eigentlich in den Minen, Kapitän? Haben Sie etwa auch nach Gold gegraben?"

„Ich?" sagte der Kapitän, halb lachend, verlegen. „Nur so zum Spaß für ein paar Tage. Eigentlich bin ich hier heraufgekommen, um zu sehen, ob ich nicht meine entlaufene Mannschaft wiederfinde. Weiß der Teufel, wo die Burschen stecken! Aber nicht einer von der Bande ist mir bisher zu Gesicht gekommen."

„Stellen Sie sich vor, nicht weit von hier, hinter dem nächsten Hügelrücken, wo ein schmaler Bach herunterkommt, bin ich vor etwa zwei Stunden einigen Arbeitern begegnet, die mir ganz nach deutschen Matrosen aussahen."

„Was? Wo?" erkundigte sich der Kapitän ungeduldig.

„Gerade dort, woher ich kam, sah ich sie."

„Prima! Und wohin gingen die Burschen?"

„Sie fingen dort an zu arbeiten. Wenn Sie morgen einen Spaziergang in diese Richtung machen, werden Sie ihnen sicher begegnen!"

„Da muß Beatty mit!" rief der Kapitän und schlug seine rechte Faust in die linke Hand. „Hol mich der Klabautermann, wenn das nicht ein toller Spaß wird, die Schufte da oben in ihrem Goldloch zu schnappen!"

„Ist Leutnant Beatty hier? Haben Sie ihn gesehen?" erkundigte sich von Hafften rasch.

„Ja. Er ritt gestern hier vorbei und sagte mir, daß er eine Woche in dieser Gegend bleiben würde."

„Wo kann ich ihn finden?"

„Oben bei der Polizeistation. Sie liegt neben dem Postbüro. Das kennen Sie doch, oder?"

„Ja, danke. Ich will mir nur vorher etwas anderes anziehen."

„Das wäre nicht schlecht. Aber Sie sollten auch eine

neue Haut überstreifen, denn Ihr Gesicht ist ziemlich zerschunden. Man könnte meinen, Sie hätten mit einem Bären gekämpft", sagte der Kapitän und lachte.

Von Hafften sah nach dieser Nacht wirklich entsetzlich aus. Er hatte trotz aller Schwierigkeiten den Versuch unternommen, die Stelle zu umgehen und den Körper des Verunglückten zu suchen. Aber bald mußte er dieses Vorhaben aufgeben, weil er mehrmals beinahe selbst abgestürzt wäre. Einmal rutschte er tatsächlich einen kleinen Abhang hinunter und konnte sich gerade noch rechtzeitig retten. Aber von den Schrammen und blauen Flecken abgesehen, blieb er unverletzt. Von da an suchte er nur noch den Weg nach unten. Wenn er auch ungefähr die Richtung kannte, in der der Turon lag, so verhinderte doch der steinige Boden oft die genaue Orientierung. Die Zisterne lag irgendwo über ihm in der Steinwüste, und durstig kletterte er eine Stunde lang über riesige Steinblöcke, bis er den Wald erreicht hatte. Von da an war der Weg sicherer. Von Hunger, Durst und Müdigkeit fast zu Tode erschöpft, hatte er dann endlich das Lager erreicht.

Aber er wollte sich nicht eher ausruhen, bis er der Polizei den Unfall gemeldet hatte. Kaum steckte er in frischen Kleidern und hatte etwas gegessen, als er seinen alten Bekannten Beatty aufsuchte und ihm von seinem Abenteuer berichtete. Der Polizeileutnant nahm die ganze Sache jedoch viel gelassener auf, als er erwartet hatte. Er hörte ihm zwar aufmerksam zu, aber bald schon bemerkte von Hafften, daß er sich für diese Geschichte nicht besonders interessierte.

„Der Mensch war einfach verrückt. Glauben Sie, daß er in dem Abgrund wirklich den Tod gefunden hat?" erkundigte sich Beatty, als von Hafften seinen Bericht beendet hatte.

„Ja, denn ein Überleben wäre unmöglich. Die Höhe war fürchterlich, und ich habe den Aufschlag des Körpers gehört."

„Nun, dann hat er es überstanden", sagte der Polizist gleichmütig. „Sie können froh sein, daß *Sie* mit dem Leben davongekommen sind."

„Wollen Sie nicht nach dem Unglücklichen suchen lassen?"

„Suchen lassen? Wo denken Sie hin! Wir haben mit den lebenden Minern genug zu tun. Da können wir nicht auch noch tagelang nach den toten in den Bergen forschen. Noch dazu auf einem Weg, wie Sie ihn mir beschrieben haben."

„Aber auf mich könnte der Verdacht fallen, daß *ich* den Mann hinabgestürzt habe!"

„Es ist vielleicht besser, wenn Sie noch eine Weile hierbleiben", sagte der Leutnant und zündete sich eine Zigarre an. „Aber... unter uns – Sie waren ein Narr, daß Sie es nicht getan haben. Was wäre gewesen, wenn der Wahnsinnige Sie mit hinabgerissen hätte? Dann lägen Sie jetzt neben ihm."

„Aber Mord..."

„Ach was! Der Mensch hat von der Natur das Recht bekommen, vor allem sein eigenes Leben zu verteidigen. Aber, wie gesagt, es ist besser, wie es gekommen ist. Haben Sie eine Ahnung, wie der Verunglückte hieß?"

„Ich habe ihn nicht nach seinem Namen gefragt."

„Er hatte doch hier sein Zelt?"

„Eine Reisighütte."

„Gut, dann wollen wir mal nachsehen, ob wir Papiere von ihm finden. Mehr können wir nicht unternehmen."

Sie gingen zusammen zu dem kleinen Lagerplatz. In der Hütte fanden sie jedoch nur ein paar eiserne Kochgeschirre, zwei kleine Blechbüchsen mit Tee und Zucker und eine Matratze, auf der ein abgegriffenes Buch lag. Es war eine englische Ausgabe von Lallah Rockh. An der Wand war ein Stück Rinde befestigt, auf der etwas frische Wäsche lag – das war alles. Der Unglückliche würde für seine Verwandten auf ewig verschollen sein, wie schon viele Tausende vor ihm. Leutnant Beatty hatte keine Lust, sich weiter mit der dürftigen Hinterlassenschaft zu beschäftigen.

Bald wurde diese Hütte von anderen Goldsuchern auseinandergerissen und verheizt. Ein paar Tage lagen noch die Kochtöpfe herum, dann waren auch die verschwunden.

Die Schiffsmannschaft

Leutnant Beatty war von der Aufforderung, den Kapitän bei der Suche nach dessen entlaufener Mannschaft zu begleiten, nicht begeistert. Wäre er ein Fremder gewesen, so hätte er ihm den Wunsch glatt abgeschlagen. Schließlich hatte die Polizei andere Dinge zu erledigen, als hinter Seeleuten herzulaufen. Beatty aber mochte Kapitän Becker gern, und da sie beide mit der Familie Pitt befreundet waren, sagte er dem Kapitän schließlich seine Hilfe zu. Allerdings konnte er nur bis vier Uhr bei der Suche helfen; dann nahm ihn sein Dienst wieder in Anspruch.

Am übernächsten Tag sollte wieder eine Gold-Eskorte

abgehen. Aber diesmal konnten nur vier Polizisten abgestellt werden. Die Leute, die den ersten Transport begleitet hatten, waren natürlich noch nicht zurück. Doch die Miner hatten schon wieder so viel Gold gefunden, daß es unbedingt in Sicherheit gebracht werden mußte. Die Gegend war außerdem noch so unsicher daß sich kaum ein Goldgräber traute, seine Schätze eigenhändig in die Hauptstadt zu bringen. Leutnant Beatty mußte die Vorbereitungen für den Transport treffen.

Mit besonderem Eifer beteiligte sich der Steuermann bei der Suche nach den Seeleuten. Er hatte eine richtige Wut auf die Mannschaft, denn er machte sie dafür verantwortlich, daß er sich mit dem Kapitän Blasen buddeln mußte. Von Hafften wollte die Männer bis zum nächsten Hügelrücken begleiten, um ihnen von dort aus die Richtung zu zeigen. Einen längeren Weg wollte er keinesfalls auf sich nehmen. Leutnant Beatty hatte zwei Polizisten mitgenommen, die aber ihre Dienstmützen ablegen mußten und über ihre Uniformen die roten Minerhemden zogen. Man wollte die Mannschaft nicht vorzeitig warnen. Die roten Hemden fielen weniger auf als die kleinste Goldlitze an der Mütze eines Mannes. Es gab hier viele Menschen, die eine Polizeimütze schon von weitem erkennen konnten...

Von dem Hügelrücken aus mußten sie kaum mehr als eine Viertelstunde marschieren, bis sie die bezeichnete kleine Bergquelle erreichten. Es war allerdings keine richtige Quelle, sondern, wie die meisten australischen Flüsse und Bäche, nur eine Rinne, die das Regenwasser sammelte und ablaufen ließ. Die Männer fanden die Stelle heute, nach einer warmen Nacht, bereits fest ausgetrocknet vor. Hier sollten die Seeleute arbeiten, und der Kapitän zweifelte jetzt keinen Augenblick mehr daran, daß er dort Männer von seinem Schiff finden würde. Von Hafften hatte die Goldsucher Deutsch sprechen hören, und Beckers Schiff war das einzige mit deutscher Mannschaft, das in Port Jackson lag.

Jetzt war es wichtig, so dicht wie möglich an die Leute heranzukommen, ohne ihren Verdacht zu erregen. Darum schlug der Leutnant vor, daß man zwei Trupps bilden sollte, die an beiden Seiten des Bergbaches entlang gingen. Wenig später erreichten sie – jede von einer anderen Seite – die Stelle, an der von Hafften die Seeleute hatte arbeiten sehen. Sie fanden den Platz aber verlassen vor.

Der Bach machte hier eine Biegung und zog sich links den Hang hinauf, wo er während der Regenzeit einen kleinen Wasserfall bildete. Eine ziemlich hohe Felsmauer lag dort und versperrte den Männern die Sicht. Einer der Polizisten behauptete jedoch, von oben das Klappern einer Maschine zu hören. Er deutete auf den schmalen Wasserlauf, der, von Erde getrübt, an ihnen vorbeifloß. Wieder trennten sich die beiden Trupps und kletterten nach oben. Dort erkannten sie, daß das Gelände für ihr Vorhaben besonders günstig war. Der Bach zog sich durch eine enge Schlucht, an die man wegen vieler umherliegender Felsbrocken gut ungesehen herankommen konnte. Jetzt hörten sie alle ganz deutlich das Klappern der Maschine, die wahrscheinlich in einem Wasserloch stand. Kurz darauf konnten sie auch die Gestalten erkennen, die dort arbeiteten. Leutnant Beatty gab dem Steuermann sein Fernglas. Der Seemann betrachtete das kleine Glas etwas geringschätzig, denn er war an große Schiffsfernrohre gewöhnt. Kaum hatte er jedoch einen Blick hindurchgeworfen, als er auch schon den Arm des Leutnants packte und jubelnd ausrief: „Ich will verdammt sein, wenn das nicht Chrischan ist!"

„Wenn Sie etwas leiser sprechen würden, wäre es besser."

„Einer von uns ist auf jeden Fall dabei", flüsterte jetzt der Steuermann. Er sah noch immer durch das Fernrohr. „Das kleine Ding zeigt jeden der Halunken ganz klar – ja, den erkenne ich an der roten Nase, und wo der ist, sind die anderen auch nicht weit."

„Die übrigen Gesichter können Sie nicht erkennen?"

„Sie drehen die Köpfe zur Seite und halten nicht still. Doch, jetzt! Da ist noch einer – der niederträchtige Schiffsjunge. Na, Bürschchen, warte nur, wenn ich dich erwische!"

„Wenn Sie noch lauter schreien, ist der Schiffsjunge außer Gefahr", warnte ihn der Leutnant. „Und wo ist der Kapitän?"

„Ich sehe da drüben sein rotes Hemd durch das Gebüsch leuchten, Sir", sagte einer der Polizisten. „Wenn wir die Männer unauffällig umzingeln, haben wir die ganze Gesellschaft in der Falle."

„Gut, aber nicht direkt auf sie zugehen", warnte der Leutnant.

Die Verfolger setzten sich in Bewegung und schlugen dabei eine Richtung ein, die sie an der Arbeitsstelle der Goldgräber vorüberführen sollte. Das konnte kaum auffallen, denn kleine Goldgräbergruppen durchzogen immer wieder diese Gegend auf der Suche nach neuen Plätzen. Als die Seeleute die Schritte hörten, warfen sie nur einen flüchtigen Blick herüber. Nur der Schiffsjunge, dem die schwere Erdarbeit überhaupt nicht zusagte, nutzte die Gelegenheit, um sich einen Augenblick auszuruhen. Nachdem er die Fremden eine Weile betrachtet hatte, flüsterte er: „Du, Chrischan, da geht der Kommissar. Jetzt schnüffelt der auch schon hier oben herum."

„Na und? Was geht dich das an? Wirf die Erde raus – wir haben unsere Lizenz bezahlt und brauchen uns vor keinem Kommissar zu verstecken!"

Der Junge stach den Spaten wieder ein, warf aber doch noch einen Blick zu den Männern hinüber. Sein Respekt vor der Polizei war groß. Jetzt bogen sie in ihre Richtung ab. Was sie wohl wollten? Der Koch hatte sich ebenfalls aufgerichtet und sah zu den Männern hin. Plötzlich duckte er sich tiefer und zischte mit ängstlicher Stimme: „Teufel! Jungs, da oben kommt der Steuermann."

„Nein!" rief der Schiffsjunge und ließ den Spaten fallen. „Der hat uns gerade noch gefehlt!"

„Geht er vorbei?" erkundigte sich Christian, der sich ebenfalls geduckt hatte.

„Sie kommen genau auf uns zu."

„Da drüben kommen noch welche... ach herrje, der Kapitän!"

Dabei kroch der Koch aus der Grube, ohne auf die anderen zu warten. Sie waren entdeckt worden, und nur die Flucht konnte sie retten. Blitzschnell schalteten jetzt auch die anderen Seeleute. Ihre Vorgesetzten hier oben in Begleitung – das konnten nur Polizisten sein, die sie suchten. Im nächsten Moment sprangen sie alle aus dem Loch, jeder schlug eine andere Richtung ein und lief, so schnell er nur konnte.

„Vorwärts!" rief jetzt auch der Leutnant und sprang in langen Sätzen hinter den Männern her. „Halt, im Namen der Königin, oder ich schieße!"

„Schieß und sei verdammt!" antwortete der Koch, sprang wie ein Rehbock über einen Felsen und schoß dann einen Hang hinunter. Einer der Polizisten hatte jedoch seine Absicht erkannt, schnitt ihm den Weg ab und war im nächsten Augenblick bei ihm.

Christian, der Bootsmann, wollte zuerst schräg den Berg hinauf, konnte sich aber nicht für eine bestimmte Richtung entscheiden und kam dadurch dem Steuermann in die Bahn. Als er ihm blitzschnell wieder den Rücken zudrehte, schnappte ihn der Leutnant am Kragen. Mit einem letzten verzweifelten Versuch wollte er aus der Jacke schlüpfen. Dabei geriet ihm ein Ärmel unter den Fuß – er stolperte und schlug lang hin. Sofort war der Polizist über ihm.

Der Segelmacher und der Schiffsjunge hatten ihre Flucht nach der anderen Seite hin versucht. Aber der Segelmacher hatte sich den Fuß vertreten und gab nach ein paar Schritten auf. Um so schneller aber lief der Schiffsjunge davon, verfolgt von seinem Kapitän. Er sprang wie ein verfolgtes Tier hin und her, um dem gefürchteten Kapitän zu entgehen. Er hatte gehofft, den älteren Mann bei einem Dauerlauf zu ermüden, aber die Aussicht, seinem Schiffsjungen eine Tracht Prügel zu verpassen, erhöhte dessen Ausdauer nur. Bald waren die beiden aus dem Blickfeld der anderen verschwunden. Während die übrigen Seeleute mit Handschellen gefesselt wurden, wartete man auf die Rückkehr des Kapitäns.

Die Sonne war inzwischen hoch gestiegen und die Luft warm geworden. Als nach einer Stunde noch immer niemand zu sehen war, erkletterten die Männer einen Hügelkamm. Keine Antwort kam auf die lauten Rufe; schließlich feuerte der Leutnant seinen Revolver ab.

Obwohl er in der nächsten Zeit noch mehrfach schoß, erhielten sie keine Antwort. Als sie bis zum Mittag gewartet hatten, beschlossen die Männer, in das Lager zurückzukehren. Es war ja möglich, daß der Kapitän dort bereits eingetroffen war.

Aber in der Zeltstadt hatte ihn niemand gesehen. Der Steuermann befürchtete, daß sich der Kapitän verirrt hatte oder ihm sogar etwas zugestoßen war. Er wollte zurückgehen und ihn suchen, aber der Leutnant hielt ihm entgegen: „Sonst haben wir statt einem gleich zwei Vermißte. Wir werden zwei meiner Leute schicken, die sich seit Jahren hier gut auskennen."

Die beiden Polizisten brachen sofort auf und fanden auch in dem weichen Boden deutliche Spuren, die sich allerdings nach einiger Zeit auf dem steinigen Untergrund verloren. Hier waren auch andere Gruppen durchgezogen, deren Spuren sich nun mit den anderen vermischt hatten. Die Polizisten verfolgten noch eine Weile die ungefähre Richtung der Spuren, jedoch ohne Erfolg. Dann kehrten sie mit der Nachricht an den Turon zurück, daß der Kapitän als verschollen gelten mußte.

Kapitän Becker schien tatsächlich wie vom Erdboden verschluckt zu sein, denn weder in der Nacht noch am kommenden Tag kehrte er in die Zeltstadt zurück. Nachdenklich saß der Steuermann auf einem Stein und rauchte. Dabei führte er halblaute Selbstgespräche.

„Eine verfluchte Geschichte, daß mir jetzt auch noch der Kapitän weggelaufen ist! Dieser Schiffsjunge! Meine Güte, wie würde ich den verbleuen... und all die Blutblasen an den Händen vom Schippen... wenn ich nur wüßte, was mit dem Kapitän los ist! Wenn ihn der Bursche vielleicht niedergeschlagen hat... dann müßte ich ja die alte *Susan-*

na Baxter nach Neuseeland bringen und wäre Kapitän... na, so gut wie Becker könnte ich das auch... armer Kerl, liegt vielleicht hilflos im Busch... na, bis morgen will ich noch warten, aber dann müssen wir los. Drei Mann haben wir, da werden wir noch ein paar anheuern können. Armer Kapitän, so ein Ende... aber das kommt davon, wenn man als Fisch aufs Trockene geht."

Dann erhob sich der Steuermann und ging zur Polizeistation, um den Abtransport der Gefangenen zu besprechen.

Kapitän Beckers Abenteuer

Für Kapitän Becker war das Wichtigste, den Jungen zu fassen. Dabei achtete er nicht auf seine Umgebung. Der Junge, der genau wußte, was ihn erwartete, lief, als hätte er Flügel an den Schuhen. Aber trotzdem kam Becker immer näher, er konnte deutlich dessen Keuchen hören. Wieder ging es einen Hügel hinauf, in ein Tal hinunter – fast hätte ihn der Kapitän dort erwischt.

„Bleib stehen, oder ich dreh dir den Hals um!" keuchte der Kapitän.

Das stachelte den Jungen nur wieder an, und weiter ging die Jagd. Dicht vor einem Hang schlug der Schiffsjunge plötzlich einen Haken, und der Kapitän konnte so schnell nicht mehr stoppen. Er rutschte mit dem lockeren Geröll herunter und landete erst nach etwa zweihundert Metern vor einem Quarzblock.

Wo war der Junge jetzt? Nichts war mehr von ihm zu sehen, und der Kapitän hätte vor Wut heulen können, wenn er daran dachte, daß der Verfolgte vielleicht hinter dem nächsten Stein saß und ihn auslachte. Jetzt spürte er auch seine Erschöpfung, und wütend schüttelte er die Faust nach oben. Eine halbe Stunde blieb er noch mit schmerzenden Gliedern liegen, ehe er wieder richtig zu Atem gekommen war. Becker sah sich um. Wo befand er sich eigentlich? Die Bergschlucht war nur spärlich mit Gum-Bäumen und einigen Büschen bewachsen. Nirgendwo waren Menschen zu sehen, kein Laut drang zu ihm. Oder doch? Er horchte angestrengt. Dort drüben regte sich etwas im Laub! Gleich darauf kam eine Känguruhratte hervor.

Becker versuchte jetzt, sich zu orientieren. Wenn er morgens vor sein Zelt getreten war, wo stand dann die Sonne? Links? Nein, da war sie gestern untergegangen. Rechts also, über dem Postbüro, ging sie auf. Dann mußte dort... Nein, auch nicht. Kapitän Becker konnte zu keinem Entschluß kommen und begann mit dem Aufstieg. Mühsam genug war es für ihn, diese Strecke, die er so schnell heruntergekommen war, wieder zu bewältigen. Oben sah er sich kopfschüttelnd um, denn er hatte sich die Umgebung ganz anders vorgestellt.

„Ach was, jetzt nehme ich erst einmal den Kurs, den ich für richtig halte, dann sehe ich nach kurzer Zeit, ob ich mich geirrt habe oder nicht", brummte er vor sich hin. Aber je weiter er ging, desto sicherer wurde er, daß er sich irrte. Er bog einmal nach links, dann wieder nach rechts ab und kletterte schließlich einen steilen Berg hinauf. Doch trotz der guten Aussicht war von der Zeltstadt nichts zu sehen. Als er den Weg zurückging, fand er auch den alten Pfad nicht wieder.

„Jetzt ganz ruhig bleiben. Nur nicht den Kopf verlieren",

sagte er leise. Er durchsuchte seine Taschen und stellte fest, daß er bei der wilden Jagd Revolver und Feldflasche verloren hatte. Nur das Messer war ihm geblieben. Damit ritzte er einen Kompaß in die Erde und überlegte, während er den Stand der Uhr mit der Sonne verglich, wie er seit heute morgen gegangen war. Er erinnerte sich an einen kleinen Bach, dessen Lage er sich gemerkt hatte, und brach schließlich erneut auf. Aber umsonst kletterte er hügelauf, hügelab, während die Sonne tiefer sank und Hunger und Durst ihn quälten. Als die Nacht hereinbrach, wußte er, daß er sich verlaufen hatte, und zwar endgültig. Ermattet legte er sich unter einen Baum und schlief ein.

Die nächtliche Kälte weckte ihn, und er versuchte, durch vielerlei Bewegungen seine erstarrten Glieder wieder zu beleben. Aber das half nicht viel, und auch die eng zusammengeraffte Jacke wärmte ihn nicht. Die Zähne schlugen ihm aufeinander wie im Fieber.

Endlich war auch diese Nacht vergangen, und als er den Wald erkennen konnte, stand er auf und setzte seine mühevolle Wanderung fort. Jetzt wollte er zunächst an den Turon gelangen, denn dort waren Menschen. Als die Sonne aufging, verzweifelte der Seemann fast. Er hatte sich wieder völlig in der Richtung vertan. Aber auch dadurch ließ er sich nicht aus der Fassung bringen, sondern verfolgte seinen Weg stur weiter. Nirgends fand sich ein Zeichen menschlicher Besiedlung, der Wald schien wie ausgestorben. Als die Sonne im Zenit stand, ging er nur noch mechanisch, setzte einen Fuß vor den anderen. Er hörte nicht mehr, was um ihn her vorging, vor seinen Augen flimmerte es, in den Ohren brauste es dumpf.

Wieder kreuzte ein Weg das Tal, und er wollte eben gleichgültig darüber hinschreiten, als er wie gebannt stehenblieb. Eine Spur! Eine Spur, die von Menschen stammen mußte! Sogar Radfurchen waren erkennbar. Kapitän Becker fühlte, wie ihm die Tränen in die Augen schossen. Wenn der Weg nicht direkt in die Minen führte, war er zumindest die Verbindung zwischen zwei Farmen. Seine Kräfte kehrten zurück, und er wußte jetzt, daß er noch eine lange Strecke gehen konnte. Aber zunächst einmal wollte er sich ausruhen; dort unter dem Busch war ein schattiger Platz. Hier streckte er sich aus und lauschte auf das Zwitschern eines Vogels. Was der Vogel nur hatte? Er schimpfte jetzt ganz aufgeregt. Gerade wollte sich Becker aufrichten, da raschelte es überall im trockenen Laub. Vorsichtig sah er sich um und glaubte einen winzig kleinen Jungen zu erkennen, der auf einer Känguruhratte daherkam. Er wurde von vielen kleinen Wesen begleitet, die ihm aus winzigen Gefäßen zu trinken gaben. Wunderbar! Woher kamen diese Wesen? Plötzlich fühlte der Kapitän, daß sich eine kalte Schlange um sein Handgelenk legte, und schrak auf.

Er hatte geträumt, und eine rauhe Stimme sagte jetzt: „Nur ruhig, Bursche, du bist ganz sicher in den Handschellen."

Verwundert hob der Kapitän die Hände und sah, daß die Schlange sich in hartes Metall verwandelt hatte. Vor ihm stand ein Polizist und nickte ihm lachend zu.

„Na, noch nicht ganz munter, was? Aber nun komm, ich hab keine Lust, neben dir im Busch zu übernachten. Wir wollen machen, daß wir zur nächsten Farm kommen!"

Becker erkannte, daß hier ein Mißverständnis vorliegen mußte. Aber die Kehle war ihm wie ausgedörrt, er konnte nicht einmal richtig sprechen. Mit kaum hörbarer Stimme bat er um Wasser.

„Aha, du hast Durst – tut mir leid, Wasser habe ich nicht, aber nimm hiervon einen Schluck, das wird dich wieder aufrichten."

Damit nahm er eine kleine Feldflasche mit Brandy aus der Tasche, zog den Korken und hielt sie Becker an die Lippen. Nach einem gierigen Schluck entriß ihm der Polizist die Flasche gleich wieder.

„Das reicht. Wir wissen nicht, ob wir auf der Farm etwas bekommen. Jetzt aber vorwärts, wir müssen weiter!"

Becker konnte jetzt wieder besser sprechen und sagte zu dem Polizisten: „Sie glauben ja gar nicht, wie ich mich freue, Sie zu sehen."

„Kann ich mir denken", sagte der Mann lachend.

„Ich hatte mich verirrt. Gerade traf ich auf diesen Weg und weiß noch nicht einmal, wo ich mich befinde. Aber das macht nichts, ich bin wenigstens nicht mehr allein."

„Schön, aber jetzt weiter!"

„Können Sie mir nicht wenigstens diese Dinger abnehmen? Ich bin kein Verbrecher, und Sie haben nichts zu befürchten."

„Ich bin keiner von den unerfahrenen Burschen, denen man mit einer guten Geschichte entkommt!" antwortete der Polizist wütend.

„Aber ich gebe Ihnen mein Wort..."

„Jetzt hab ich's aber satt! Vorwärts, oder..." Er machte eine drohende Handbewegung. Kapitän Becker spürte, daß sich im Moment nichts machen ließ; der Polizist hatte sich offensichtlich in den Kopf gesetzt, daß er irgendein entlaufener Verbrecher war, den er im Schlaf überrascht hatte. Wenn sie wieder unter Menschen waren, würde sich herausstellen, wer er wirklich war.

Der Polizist knotete ihm jetzt einen Strick um den Arm und befestigte diesen am Sattel seines Pferdes, bevor er aufstieg.

„Nur noch eine gutgemeinte Warnung! Versuch ja nicht zu fliehen. Mit den Handschellen kommst du nicht weit, und Rücksicht kann ich nicht nehmen. Wenn ich merke, daß du weglaufen willst, geb ich dir eins über den Schädel! Und nun vorwärts!"

Becker war zu müde, um an so etwas auch nur zu denken, und nickte ergeben. Dann ging er gehorsam neben dem Pferd her.

Sie waren etwa eine Viertelstunde unterwegs, als sie zu einem dichtbewachsenen Hang kamen. Der Polizist sah sich mehrmals um, konnte aber keinen Menschen entdecken. Langsam ritt er weiter, an einem dichtbelaubten Baum vorbei. Kaum hatten sie den jedoch passiert, da krachte plötzlich ein Schuß. Das Pferd sprang mit einem wilden Satz nach vorn und riß den Kapitän um. Zum Glück hatte der Polizist das Seil nicht einmal fest verknotet. Es löste sich jetzt und verhinderte, daß der Gefangene mitgeschleift wurde. Erschrocken richtete sich Becker auf; da sprangen zwei Männer aus dem Gebüsch, griffen ihn an den Armen und rissen ihn, ehe er genau wußte, was geschah, an den Rand des Hanges. Er konnte gerade noch sehen, wie der Polizist sein durchgegangenes Pferd zügelte, als es ein zweiter Schuß erneut durchgehen ließ.

In wilder Flucht ging es den steilen Hand hinunter, und der Kapitän mußte aufpassen, daß er nicht stürzte. An eine Verständigung war nicht zu denken, denn jeder hatte genug damit zu tun, den Steilhang heil hinunterzukommen. Endlich erreichten sie wieder ebenen Boden.

Becker wollte protestieren, aber jedes Wort wurde ihm von dem einen finsteren Gesellen mit dem Hinweis verboten, daß sie noch nicht sicher wären.

„Ach was", sagte der andere Mann, „glaubst du, daß der Polizist so dumm ist, diesen Hang bei Nacht herunterzukommen? Er weiß doch, daß er dann die Sonne nie wieder sehen würde!"

„Besser ist es!" beharrte der erste. „Sind wir erst im Loch unten, wissen wir genau, daß er nicht nachkommt."

Kapitän Becker war inzwischen alles gleichgültig geworden. In der Dunkelheit konnte er nicht weglaufen, ohne sich erneut zu verirren, und er hatte Hunger und war müde. Im Augenblick war es ihm sogar egal, ob er bei einer Verbrecherbande Aufnahme gefunden hatte oder im Gefängnis landen würde.

„Hierher, Freund!" sagte einer der Männer und zog ihn mit sich. „Paß auf. Wenn wir unten sind, schlagen wir dir die Eisen ab. Donnerwetter, diesmal kamen wir wirklich zur rechten Zeit!"

Becker konnte nichts erwidern, denn es ging wieder steil bergab. Erkennen konnte er auch nichts. Als sie die Felswand überwunden hatten, pfiff einer der Männer leise, und in einiger Entfernung wurde das Signal beantwortet. Der Weg ging nun über loses Geröll, an dem sich Becker die Knie und den Ellbogen aufschlug; dann erreichten sie eine kleine Schlucht.

Die Felsen bildeten hier eine hausähnliche Höhle, deren vorstehende Wände den Schein eines Feuers nach allen Seiten abschirmten. Vor dem Feuer standen drei Männer.

„Was war los? Wer hat geschossen?" erkundigte sich einer von ihnen.

„Wir trafen einen der Hunde von Polizisten, der Jim gefaßt hatte, und jagten ihm seinen Gefangenen ab."

„Ist er tot?"

„Nein, nur eine Ladung Schrot hat seinem Pferd Beine gemacht!"

„Gut. Es ist schon genug Blut geflossen. Wo ist Bill?"

„Wahrscheinlich noch oben, um zu beobachten, ob der Polizist uns folgt. Aber er wird schon aufpassen!"

Die drei Männer brachten den Kapitän zum Feuer. Jetzt rief einer verwundert aus: „Das ist doch nicht Jim!"

„Donnerwetter! Wen haben wir denn da? Aber er trägt Handschellen!"

„Gebt mir zu trinken", stöhnte der Kapitän. Er konnte sich nicht mehr auf den Beinen halten und sank erschöpft neben dem Feuer nieder.

„Da steht kalter Tee. Reich mal den Becher rüber, Smith. Er scheint es wirklich zu brauchen."

Becker streckte die zitternden Hände dem Becher entgegen und trank ihn dann in einem Zug leer.

„He, wie lange hast du denn nichts mehr getrunken?"

„Zwei Tage. Ich hatte mich verirrt."

„Na, kein Wunder. Weshalb haben sie dir denn die Eisen verpaßt?"

Aber Becker konnte keine Fragen mehr beantworten. Die Männer gaben ihm deshalb Decken, zwei schlugen mit großer Geschicklichkeit die Handschellen ab, und dann bekam er etwas zu essen vorgesetzt. Doch auch dazu war er zu erschöpft. Nach einem weiteren Becher Tee sank er in tiefen Schlaf.

Die Männer kümmerten sich nicht weiter um ihn, denn seine Handschellen waren die beste Empfehlung für ihn. Sicher gehörte er zu ihnen, denn sonst hätte sich die

Polizei nicht um ihn gekümmert. Etwas anderes machte ihnen viel mehr Sorgen: Sie hatten sich vor Einbruch der Dunkelheit in der Gegend gezeigt und mußten deshalb damit rechnen, daß man am nächsten Tag nach ihnen suchen würde.

Belauscht!

An dem Morgen, an dem Kapitän Becker und Leutnant Beatty losgezogen waren, beendeten Jack und Holleck ihr Frühstück auf dem Plateau.

„Es ist doch ein gefährlicher Plan", sagte Holleck. „Wenn die Sache schiefgeht..."

„Du altes Hasenherz! Bei dem Postkutschenüberfall warst du doch auch dabei und hast dich wie ein Mann benommen – wenn auch wie ein schlechter Schütze!"

„Das war doch was ganz anderes. Damals war Nacht, und wir hatten es nur mit einigen Passagieren zu tun. Aber hier... am hellen Tag, mit einer Polizei-Eskorte... dabei wird viel Blut vergossen werden, und wir hetzen damit das ganze Land auf uns!"

„Sind wir jetzt vielleicht sicher? Ich muß doch sogar damit rechnen, daß man mich erkennt, wenn man uns zusammen sieht! Wer war denn nach dem Überfall hinter uns her? Kein Mensch hat mehr davon gesprochen!"

„Ja, weil uns die Entdeckung des Goldes zu Hilfe kam. Da hatte die Polizei anderes zu tun. Überfallen wir aber den Goldtransport, dann sind alle daran interessiert, die Täter zu schnappen. Jeder Goldsucher ist dann unser Feind und würde uns gern ausliefern."

„Du weißt doch, daß der Fuhrmann ein alter Freund von uns ist. Das hat Smith so eingerichtet, denn er hat mit ihm zusammen im Gefängnis gesessen. Der Kerl muß natürlich seinen Anteil bekommen, und dabei hat er noch nicht mal ein großes Risiko! Vorher braucht er nicht zu wissen, was er fährt. Heute noch geht er mit seinem leeren Wagen vom Turon ab und übernachtet im „Roten Haus". Das ist nicht ganz tausend Schritte von der Stelle entfernt, wo wir unseren Plan ausführen wollen. Das Gold wird tagsüber in die fertige Grube geworfen, und er holt es dort ab. Während die Polizei nach schwerbepackten Verbrechern sucht, fährt er seelenruhig an ihnen vorbei."

„Wenn es nur schon soweit wäre", seufzte Holleck. „Mir gefällt die ganze Sache nicht."

„Jetzt aber los", antwortete Jack nur und warf sein Bündel über die Schulter. „Wir müssen noch gut drei Stunden marschieren, bis wir unser Nachtlager erreichen. Noch vor Tagesanbruch müssen wir aufstehen, um den Baum an der Straße anzusägen. Ich hätte große Lust, dies Nest hier in Brand zu stecken, ehe wir gehen."

„Wozu? Damit die Leute in der Nähe auf uns aufmerksam werden?"

„Das macht nichts. Wir kommen ja doch nicht hierher zurück. Der Platz ist mir verhaßt, seitdem ich den Schwarzen hier... ach, zum Teufel mit den Erinnerungen."

Damit ging er hinaus, und auch Holleck packte sein kleines Bündel und stand auf. Vor der Tür kauerte eine schwarze Gestalt. Der Mann war während des Gesprächs vorsichtig auf die Hütte zugekrochen und hatte Jack und Holleck durch die Wandritzen beobachtet. In der Hand hielt er den kurzen, aber gefährlichen Waddie der Eingeborenen, der allerdings nicht recht zu seinem alten

Frack und dem Zylinder passen wollte. Als die Männer in der Hütte aufbrachen, kauerte er sich zum Sprung nieder.

Kaum war Jack herausgetreten, schnellte der Eingeborene wie ein Panther vom Boden hoch, den Waddie zum Schlag erhoben. Jack aber, der sich in den langen Jahren seiner Gaunerlaufbahn mit jeder Gefahr vertraut gemacht hatte, faßte blitzschnell den Arm des Mannes dicht über dem Handgelenk und schlug ihm gleichzeitig die Rechte kräftig gegen den Kopf. Der Angreifer ging wie vom Blitz getroffen zu Boden. Als Holleck aus der Hütte kam, war schon alles vorbei.

„Das sind unsere Nachbarn, Holleck. Sie sind fast noch schlimmer als wir, nur nicht so gefährlich!" sagte er lachend und zeigte auf den Bewußtlosen.

„Was wollte der Kerl?"

„Er gehört zu den Leuten, die neulich mein gesalzenes Brot gegessen haben. Na, für heute hat er genug und kann hier liegenbleiben."

„Ein schlechter Anfang", sagte Holleck kopfschüttelnd. „Mord und wieder Mord, wohin wir auch gehen. Wenn das nicht ein düsteres Vorzeichen ist!"

„Mensch, Holleck!" Jack musterte seinen Kameraden mit einem höhnischen Blick von Kopf bis Fuß. „Ehe ich dich kannte, hatte ich eine sehr gute Meinung von dir, und nach deinem letzten Streich hielt ich dich sogar für begabt. Aber jetzt fängst du an, mir leid zu tun. Ich sehe, daß wir dich zu deinem Glück zwingen müssen."

„Zwingen? Ich glaube nicht, daß du die Macht dazu hast. Glaubst du, daß ich die Gefahr fürchte? Nur das Mißlingen unseres Planes durch Ungeschicklichkeit macht mir Sorge, denn es wissen schon zu viele davon!"

„Ach was! Keiner, der nicht seinen Kopf schon in der

Schlinge hätte. So groß ist die Gefahr doch auch nicht! Die Eskorte besteht diesmal nur aus vier Mann. Wenn der Baum stürzt, ist die erste Abteilung schon vorübergezogen. Der Kutscher weiß genau, wo er halten muß, und die Reiter können an der Stelle, wo rechts der Abgrund und links die steile Wand ist, mit ihren Pferden nicht in den Wald. Sie müssen absteigen. Daß sie dann verloren sind, muß ich nicht noch extra erwähnen!"

„Ist der Kutscher wirklich auf unserer Seite?"

„Der ‚Trompeter' fährt. Ich denke, daß wir uns auf den verlassen können!"

„Na gut, meinetwegen. Wenn wir bloß ein Schiff entern könnten!"

„Das ist doch gar kein Problem! In der Jackson-Bai liegen viele, und kein Mensch ist mehr an Bord, höchstens der Koch. Jetzt aber los, laß uns nicht noch mehr Zeit verlieren!"

Mit diesen Worten betrat Jack den kleinen Pfad, der mitten durch den Busch zum Turon führte. Totenstill lag jetzt der Platz mit dem Eingeborenen vor der Hütte da. Ein großer Raubvogel bog bei seinem Flug über die Lichtung den Kopf nach unten, beschrieb einen Halbkreis und setzte sich dann auf einen Baumstamm in der Nähe.

Der Eingeborene hatte inzwischen das Bewußtsein wieder erlangt, ohne sich jedoch zu bewegen. Vorsichtig blinzelte er umher, um festzustellen, ob die Männer verschwunden waren. Dann sprang er auf, griff nach seinem Waddie und sprang in das Gebüsch, um der Spur der Weißen zu folgen.

*

Leutnant Beatty war über die lange Abwesenheit des Kapitäns ernsthaft besorgt. Er hoffte, daß Becker irgendwo auf Menschen traf, die ihm helfen konnten. Aber er kannte den Busch und wußte, wie gering diese Hoffnung war.

Doch sein Dienst nahm ihn in Anspruch, und so vergaß er den Kapitän für einige Zeit. Er sollte den Goldtransport begleiten und mußte noch einige Vorbereitungen treffen. Den Minern war mitzuteilen, wann der Transport abging, damit sie noch rechtzeitig ihr Gold einzahlen konnten. Aus Sicherheitsgründen war aber die Abfahrt zwei Tage später als eigentlich geplant angegeben. Die zahlenmäßig schwache Eskorte wurde angewiesen, erst nach einer halben Meile zu dem Goldtransport zu stoßen. Jeder der Männer war mit einem Gewehr, zwei Sattelpistolen und einem schweren Säbel bewaffnet. Die Abfahrt des Karrens, der von vier kräftigen Pferden gezogen wurde, war auf elf Uhr festgesetzt. Außer den vier Polizisten und Leutnant Beatty waren zwei bewaffnete Kassenbeamte mit von der Partie. Aber auf sie konnte man bei einem Überfall nicht zählen. Einer von ihnen war ein schon älterer Herr mit weißen Haaren, der andere klein und verwachsen. Wohl keiner von den beiden hatte je den Umgang mit einer Waffe geübt. Aber es dachte ja auch niemand ernsthaft an eine Gefahr. Die Straße war immer belebt; ständig traf man auf Reisende oder Goldgräber.

Der nächste Tag brach an, und der Leutnant ging zuerst zu Kapitän Beckers Zelt, allerdings ohne ihn dort vorzufinden. Jetzt bestand kein Zweifel mehr, daß er sich hoffnungslos verirrt haben mußte.

Um elf Uhr war der Transport immer noch nicht bereit. Ungeduldig ging der Leutnant auf und ab. Da kam plötzlich der junge Eingeborene mit seinem merkwürdigen Anzug auf den Polizisten zu. Direkt vor ihm blieb er stehen, zog seinen Hut und machte eine tiefe Verbeugung.

Beatty begrüßte ihn etwas spöttisch: „Sehr erfreut, Ihre Bekanntschaft zu machen, Sir. Woher kommen Sie?"

„Direkt von den Leuten, die Ihr Gold stehlen wollen", antwortete der Mann in gebrochenem Englisch.

„Mein Gold?" Es war nicht das erste Mal, daß die Eingeborenen den Polizisten bei der Suche nach Verbrechern halfen, und deshalb nahm der Leutnant diese Bemerkung sofort ernst. „Was weißt du von meinem Gold?"

„Alles!" war die Antwort. Der Eingeborene sah sich vorsichtig um und bemerkte den Kutscher, der auf dem Boden hockte und ihn scharf beobachtete. Er nahm wieder seinen Hut ab und machte eine noch tiefere Verbeugung als vorher. „Gebt mir etwas Geld – Mann da bei Pferden braucht nichts zu wissen – und kommt hinter Haus", sagte er dabei.

„Aha, darauf läuft es hinaus", antwortete Beatty, griff in die Tasche und warf dem Eingeborenen ein paar Geldstücke in den Hut. „Hier, und nun sieh zu, daß du weiterkommst, oder ich lasse dir von einem meiner Leute noch viel schönere Komplimente machen!"

Der Mann nahm das Geld aus dem Hut und betrachtete es.

„Rot Geld", sagte er geringschätzig. „Aber schadet nichts. Kommt hinter Haus... rasch... ich gehe auch." Damit wiederholte er seine Verbeugung und schritt langsam vom Hof, so als wollte er den Fluß entlang abwärts gehen.

Der Leutnant sah ihm lächelnd nach. Er kannte diese Bettelmethoden und glaubte jetzt, daß der Bursche nichts weiter von ihm gewollt hatte. Die Andeutung, hinter das Haus zu kommen, war sicher nur ein Versuch gewesen, noch mehr zu bekommen – „weißes" Geld, das für die Eingeborenen wertvoller war als die Kupfermünzen. Trotzdem beobachtete er die Gestalt und bemerkte, wie der Mann mit dem Zylinder plötzlich, als er vom Haus aus nicht mehr gesehen werden konnte, links abbog und in einem Bogen rasch und heimlich zurückkehrte.

Merkwürdig, dachte Beatty. Sollte er mich wirklich sprechen wollen? Was kann er von dem Gold wissen? Er kommt tatsächlich wieder zurück. Jetzt will ich doch einmal hören, was er mir zu sagen hat. Langsam schlenderte der Leutnant auf einen Baum zu, blieb einen Augenblick stehen und ging dann auf die andere Seite. Der Eingeborene erwartete ihn bereits ungeduldig.

„Na, was willst du von mir?"

„Ihr schickt viel Gold nach Sydney!"

„Wer hat dir davon erzählt?"

„Weiße Männer im Busch – böse Männer. Haben alte Frau verzaubert und sie getötet. Wollen auch heute Gold holen."

„Tatsächlich?" Beatty zweifelte nicht an den Worten des Mannes. Schon daß er von dem Transport wußte, war ein Beweis. Es konnte jedoch sein, daß man sie hier beobachtete. Deshalb war es besser, nicht zu lange mit dem Eingeborenen gesehen zu werden.

„Geh in dieses Haus. Ich werde in den Hof zurückgehen und von der anderen Seite kommen."

Der Leutnant ging zu dem Kutscher und erkundigte sich, ob die Kassenbeamten noch nicht fertig wären.

„Wir werden wohl vor heute nacht nicht wegkommen", lautete die Antwort. „Meine Pferde wollen auch schon nicht mehr ruhig stehen."

Beatty nickte ihm zu und ging in das Haus hinüber. Hier berichtete ihm der Eingeborene von dem Gespräch, das er auf dem Plateau belauscht hatte.

„Hast du keine Namen gehört?"

„Einer heißt Holleck."

„Wirklich? Das ist interessant. Ist er der Anführer?"

„Nein, der Zauberer ist es."

„Der Zauberer?"

„Der die alte Frau mit dem Brot verzaubert hat, daß sie sterben mußte. Seinen Namen habe ich nicht gehört."

„Erkennst du ihn wieder?"

Bei dieser Frage richtete sich der Eingeborene auf, und seine Augen blitzten, als er antwortete: „Ich kenne ihn und muß sein Blut haben!"

„Das solltest du lieber lassen. Jetzt geh auf der Straße nach Sydney voraus und warte, bis der Wagen dich einholt. Du sollst uns begleiten, und wenn deine Warnung zutrifft, dann werde ich dich gut belohnen. Hier sind vorab zwei Schillinge."

Der Eingeborene verschwand durch den Hintereingang, und Beatty kümmerte sich wieder um den Transport. Dann rief er den Kutscher ins Haus, der dort sofort von den Polizisten überwältigt und gefesselt wurde. Einer der Polizisten nahm seine Stelle ein. Neben die beiden Kassierer wurden noch zwei bewaffnete Männer gesetzt. Drei Goldgräber, die ihre Pferde dabei hatten, entschlossen sich, die Kutsche zu begleiten, zumindest bis zum „Roten Haus" und der kleinen Ansiedlung in der Nähe. So hatte Beatty seine Begleitmannschaft um fünf Mann verstärkt und konnte im Notfall auch auf die Hilfe des neuen Kutschers rechnen. Als der Wagen sich endlich in Bewegung setzte, hatte Beatty sich bereits einen Plan zurechtgelegt.

Die Gold-Eskorte

Es war gegen ein Uhr geworden, als der Goldtransport den Turon verließ. Die Männer waren vom Wagen gestiegen, um die Pferde zu schonen. Der Weg ging steil hinauf und war nicht ausgebaut. Eine Fahrt mit der

Kutsche war immer ein Risiko für den Reisenden, aber kein Mensch kümmerte sich um den Zustand der Straßen. Und genauso anspruchslos waren auch die Fahrzeuge: offene Karren mit Bänken auf beiden Seiten, die den sich gegenüber sitzenden Reisenden wenig Platz ließen.

Auf dem Hügel hielt die Eskorte, und nicht weit davon entfernt wartete der Eingeborene. Beatty rief die Leute zusammen und berichtete ihnen von dem bevorstehenden Überfall. Er gab ihnen noch ein paar Verhaltensmaßregeln mit auf den Weg, und dann wurde die Fahrt fortgesetzt. Am Spätnachmittag erreichten sie die Gegend, die ihnen der Eingeborene für den Überfall genannt hatte. Beatty vermutete, daß die Verbrecher dafür die schmalste Stelle des Weges, dicht an einem steilen Abgrund gelegen, ausgesucht hatten. Jack hatte alles genau geplant und hielt einen jungen Baum bereit, der im richtigen Moment den Weg ein Stück weiter auch für andere Durchreisende sperren sollte. Auf einem Felsvorsprung stand ein Posten, der die Ankunft der Eskorte signalisieren würde.

In diesem Moment schallte das Zeichen durch den Wald, das „Ku-ih" der Eingeborenen. Auch der Mann am zweiten Baumstamm hörte es. Der Wagen näherte sich. Zwei Polizisten ritten voraus, die beiden anderen folgten dem Gefährt. Nur vier Mann gehörten also zur Eskorte – wie es der „Trompeter" gesagt hatte. Der Augenblick schien günstig, denn keine anderen Menschen waren auf der Straße zu sehen.

„Alles wie gewünscht!" jubelte Jack. Er stand neben Holleck am Seil, das den Baum noch hielt.

„Paß genau auf und hau den Strick durch, wenn die Reiter dicht davor sind. Bis der Baum stürzt, sind sie vorüber. Wenn die nur das Prasseln hören, treiben sie schon ihre Pferde an!"

„Ku-ih!" kam es plötzlich dicht hinter ihnen von dem Berghang.

„Hat nichts zu sagen, wird nur ein einzelner Schwarzer sein", knurrte Jack. „Sieh, da sind die Reiter!"

„Ku-ih!" tönte es wieder von einer anderen Seite, und oben in den Büschen prasselte und knackte es.

„Verrat!" rief Holleck plötzlich entsetzt, ließ die Axt fallen und griff nach dem Gewehr. Die Axt rutschte den abschüssigen Boden hinunter und fiel polternd auf den Weg.

„Verdammt!" schrie Jack, riß sein schweres Messer heraus und sprang mit einem Satz auf das Seil zu. Als er einen raschen Blick nach oben warf, erkannte er vier Männer mit Gewehren, die auf sie zuliefen. Unschlüssig blieb er vor dem Seil stehen. Holleck, der den Leutnant erkannt hatte, feuerte sein Gewehr ab und ergriff dann die Flucht. Da rasselte auch schon der Wagen vorbei. Die Reiter sahen eine Gestalt über den Weg springen und zwischen den Felsen verschwinden, konnten sie jedoch nicht aufhalten. Jetzt knatterten oben die Gewehre, und unten am Weg sprangen ein paar Männer auf und hoben die Waffen. Aber sie waren überrascht, daß der Wagen noch fuhr. Kein Baum versperrte den Weg, und die Reiter wendeten und kamen mit dem Säbel in der Hand zurück. Da stob auch schon alles auseinander, zwischen Büsche und Steine, während hinter ihnen in kurzen Abständen Schüsse fielen. Einer der Buschranger taumelte, hielt sich zunächst noch an einem Felsen fest und stürzte dann in den Abgrund. Einem anderen war der linke Oberarm zerschmettert worden, aber er lief trotzdem in die gleiche Richtung wie Holleck. Völlig überrascht waren auch die Männer, die in den Büschen am Hang kauerten. Sie wußten zuerst nicht, ob Freund oder Feind schoß – dann waren sie auch schon überwältigt.

Jack wollte sein Leben so teuer wie möglich verkaufen. Er erkannte Beatty, der auf ihn zulief; neben ihm rannte – der Schwarze mit dem Zylinder! Panische Angst ergriff den Verbrecher. Er hatte den Eingeborenen für tot gehalten, und jetzt hatte der die Polizisten hierher geführt! Jack schoß beide Läufe in die Richtung der Verfolger leer, ohne aber genau zu zielen. Dann sprang er in wilder Flucht den Hang hinunter.

Die Männer liefen den Buschrangern nicht lange nach. Sie wußten, daß sie den Banditen in diesem Gelände unterlegen waren, weil die sich hier besser auskannten. Beatty schickte deshalb die Reiter dem Wagen nach, der beim „Roten Haus" warten sollte.

Jim hatte sich gewehrt, bis ihn ein Kolbenhieb niederstreckte; die anderen wurden gleich gefesselt. Da hörte man ein Stöhnen aus dem Abgrund. Der Abgestürzte lag auf einem Felsenvorsprung. Aber erst als ein Fuhrwerk vorbeikam, konnte er heraufgezogen werden. Bald darauf kamen ein paar Goldwäscher; die Männer hatten den weiter unten liegenden Baum schon beseitigt. Sie wollten freiwillig den Transport der Gefangenen übernehmen und schlossen sich dem Trupp gleich an.

Beatty brauchte jetzt keinen weiteren Überfall mehr zu fürchten. Während die eine Gruppe die Gefangenen abtransportierte, folgte die andere dem Goldwagen. Als Beatty dort eintraf, wartete bereits ein anderes Fuhrwerk. Der Leutnant nahm an, daß damit das erbeutete Gold abtransportiert werden sollte, aber er hatte gegen den

Kutscher keine Beweise. Trotzdem ging er auf ihn zu und sprach ihn an.

„Sie können ruhig weiterfahren. Heute kommt keine Ladung mehr."

„So?" fragte der Mann ruhig und sah den Polizisten mit einem höhnischen Blick an. „Woher weiß die Polizei, daß ich auf Ladung warte?"

„Auch noch unverschämt werden, was?"

„Was heißt hier unverschämt? Sie denken, Sie sind was Besseres, nur weil Sie einen Goldstreifen an der Mütze haben, Mister? Ich trage das Gold in der Tasche!"

Beatty preßte die Lippen zusammen. Er wollte sich mit dem Burschen nicht in einen Streit einlassen, gab seinem Pferd die Sporen und sprengte hinter dem Wagen her.

Der Kutscher sah ihm grinsend nach. Als der Polizist um eine Wegbiegung verschwunden war, verfinsterte sich sein Gesicht.

„Wo hat der Kerl nur etwas von mir erfahren können? Sollte der ‚Trompeter' gequasselt haben? Lumpen, elendiges Gesindel, alle zusammen! Die Sache ist schiefgegangen, geknallt hat es ja genug. Na, ich hab hier wohl nichts mehr zu suchen." Damit machte er auf dem Absatz kehrt, schirrte seine Pferde wieder an und zog davon.

Nach etwa zwei Meilen traf Beatty auf eine kleine Polizeitruppe, die von Golbourne aus als Verstärkung an den Turon gehen sollte. Er befahl ihnen, die Umgebung abzusuchen, wo der Überfall stattgefunden hatte. Sie sollten jeden festnehmen, der ohne Goldgräberausrüstung unterwegs war. Wegen dieses Befehles war Kapitän Becker in Gefangenschaft geraten...

Als es Nacht wurde, hatte sich Kapitän Becker erschöpft in die Decken gewickelt und tief geschlafen bis zum Morgen. Schon vor Tagesanbruch weckte Jack die Männer. Holleck hatte während seiner Wache den Eingeborenen in der Nähe herumschleichen sehen und seitdem keine ruhige Minute mehr verbracht. Das Feuer wurde wieder angeblasen, und nach einem kurzen Frühstück wollten sich die Männer trennen. Zu einem späteren Zeitpunkt würden sie sich in einer der zahlreichen Spelunken von Sydney wiedertreffen.

Von dem allgemeinen Lärm erwachte der Kapitän. Er erhielt ein großes Stück Brot und etwas Fleisch. Inzwischen war Holleck hinausgegangen und auf die Felsenwand gestiegen, um zu horchen. Der Wald lag totenstill, nicht einmal raschelndes Laub oder irgendein Tier war zu hören. So kehrte er wieder um und ging zum Feuer, an dem auch Becker saß. Als sich ihre Blicke kreuzten, erkannte der Kapitän den Buschräuber wieder.

„Mr. Holleck! Das ist ja ein merkwürdiges Zusammentreffen!"

„Kapitän Becker! Was haben Sie denn angestellt, daß Sie mit der Polizei in Konflikt gekommen sind?"

„Ihr kennt euch?" erkundigte sich Jack.

„Von Sydney her. Aber was machen Sie in Handschellen?"

„Ein Mißverständnis", antwortete der Kapitän ohne nachzudenken. „Ein reines Mißverständnis. Ich hatte mich im Wald verirrt. Wegen meiner zerrissenen Kleidung und meines Zustandes hielt mich der Polizist für einen Buschranger."

Holleck packte Jack am Arm und zog ihn vor den Höhleneingang. Jetzt erst erkannte Becker seinen Fehler – er saß in der Falle. Nach zehn Minuten kamen die beiden Männer zurück. Holleck blieb mit untergeschlagenen Armen und finsterem Gesicht am Feuer stehen, während sich Jack an den Kapitän wandte: „Es tut mir leid, daß das Schicksal Sie zu uns geführt hat. Aber da wir auf der Flucht sind und wir Sie weder mitnehmen noch hierlassen können, müssen Sie sterben."

„Verdammt kurzer Prozeß", antwortete der Kapitän. Ein eiskalter Schauer kroch in seine Herzgegend. „Aber ich sehe nicht ein, warum. Sie haben mich hier gastlich aufgenommen, und schon aus Dankbarkeit würde ich nicht verraten, wohin Sie aufgebrochen sind. Wenn Sie wollen, schwöre ich einen Eid!"

Jack schüttelte den Kopf. „Die Gefahr ist für uns zu groß. Nur eine Möglichkeit gibt es noch, Ihr Leben zu retten."

„Und die wäre? Sie können sich denken, daß ich in meiner Lage keine Schwierigkeiten mache."

„Ihr Schiff liegt segelbereit im Hafen?"

„Zumindest dann, wenn ich die Ladung an Bord habe und genügend Männer."

„Wie viele Tage brauchen Sie zum Aufnehmen der Ladung?"

„Ich denke, drei müßten reichen."

„Wieviel Mann brauchen Sie noch?"

„Tja, ein paar sind hoffentlich noch erwischt worden. Wenn ich dann noch fünf oder sechs halbwegs brauchbare Leute hätte, dann wäre es kein Kunststück, nach Neuseeland auszulaufen."

„Gut, ich stelle Ihnen die Leute. Sie sollen frei sein, wenn Sie schwören, weder hier noch in Sydney etwas von unserem Aufenthalt zu verraten. Ich halte Sie für einen ehrlichen Mann, Kapitän. Ihr Leben liegt in unserer Hand. Wenn wir Ihnen vertrauen, wollen Sie dann auch Ihr Wort halten?"

„Ja, auch ohne weiteren Schwur. Eher würde ich mir die Zunge abbeißen."

„Gut, aber schwören müssen Sie!"

„Das ist nicht nötig", warf Holleck ein, der den Kapitän besser einzuschätzen wußte. „Er hat uns freiwillig sein Wort gegeben, das ist mehr als jeder erzwungene Schwur."

„Aber ich brauche Leute, die etwas von der Seefahrt verstehen", meinte Becker nun.

„Holleck war früher Steuermann, ich selbst habe eine Reise vor dem Mast mitgemacht, und zwei der anderen sind alte Teerjacken. Reicht das?" fragte Jack.

„Wenn das so ist, habe ich keine Einwände."

„Wann können wir ablegen?"

„Wenn ich morgen in Sydney bin, könnten wir am Donnerstag fertig sein."

„Gut! Aber erwähnen Sie ja nicht meinen Namen gegenüber Pitt oder einem anderen! Sonst bringe ich Sie um", sagte Holleck drohend.

„Ich habe Ihnen mein Wort gegeben. Wenn ich auch nicht verstehe, was Sie da getan haben, so ist es doch nicht meine Sache. Mir liegt daran, so schnell wie möglich mit meinem Schiff von dieser verdammten Goldküste wegzukommen. Ich frage keinen Matrosen, woher er kommt, wenn er nur richtig zupacken kann. Was mich in Konflikt mit meinem Gewissen bringen würde, davon will ich nichts wissen. Ich hoffe, wir verstehen uns jetzt."

„Das hoffe ich auch", antwortete Jack. „Noch etwas. Es besteht doch die Möglichkeit, daß Sie unsere Abmachung einmal vergessen könnten."

„Wenn Sie das glauben, würden Sie mich nicht gehen lassen."

„Richtig. Trotzdem: In dem Fall würde ich keinen Penny mehr für Ihr Leben geben. Wir haben überall unsere Leute!"

„Keine Sorge. Aber etwas möchte ich auch mit euch abmachen. Wenn mein Schiff in Auckland ankert, gehen Sie mit Ihren Männern von Bord, und wir kennen uns nicht mehr. Dann sind wir quitt."

„Gut, aber Sie dürfen Ihr Schweigen auch dann nicht brechen!"

„Das ist selbstverständlich. Wo finde ich Sie, wenn ich in Sydney segelbereit bin?"

„Geben Sie am Abend vorher einen Zettel im Shakespeare-Haus in der Pitt Street ab, mit Ihrem Namen und der Abfahrtszeit versehen. Dem Wirt brauchen Sie nur zu sagen, daß Sie Schiffskapitän sind. Wir kommen in guter Verkleidung an Bord."

„Denken Sie daran, daß bis zur Abfahrt die Wasserpolizei an Bord ist!"

„Das weiß ich. Wir bringen unsere richtigen Papiere mit. Aber Sie dürfen nicht mit der Abfahrt zögern!"

„Ich bin froh, wenn ich endlich wieder auf See bin! Noch etwas. Wenn ich zum Ablegen bereit bin, werde ich am Vormast ein kleines rotes Signal aufziehen. Dann müssen Sie sofort an Bord kommen."

Als die Männer aufbrachen, kam Smith, der alte Schäfer, nicht mit. Er wollte Australien nicht ohne Gold verlassen. Jack blieb als letzter bei dem Kapitän, lud seine Waffen neu und gab Becker dann die Hand.

„Also, Kapitän, auf Wiedersehen in Sydney!"

„Das ist gut gesagt. Aber wo finde ich jetzt die Straße?"

„Dort in der Richtung", sagte Jack und wies ihm mit dem Arm den Weg. „Sie werden aber bald hier Besuch bekommen!" Damit verschwand Jack aus der Höhle und ließ den Kapitän in schlechter Laune zurück.

Dort drüben sollte die Straße sein? Bei dem zunehmenden Nebel konnte ja keiner den richtigen Kurs halten! Vielleicht war es besser abzuwarten, bis es richtig hell war. Er ging zum Feuer und setzte sein Frühstück fort.

„Halt! Keine Bewegung, oder ich schieße!" rief in diesem Moment eine rauhe Stimme. Dann kamen drei Polizisten mit Karabinern im Anschlag in die Höhle gestürmt. Becker wußte, daß hier Erklärungen nichts halfen. Trotzdem sagte er, als er nach seinen Gefährten gefragt wurde: „Ich bin Schiffskapitän aus Sydney und habe mich verlaufen. Da Sie mir das nicht glauben werden, schlage ich vor, Sie bringen mich so schnell wie möglich an den Turon oder nach Sydney, alles weitere findet sich dann schon."

„So, keine Gefährten?" sagte einer der Polizisten und deutete auf den Boden, wo die Schlafstellen der Männer noch zu erkennen waren. „Wer hat denn hier die ganze Nacht gelegen? Aber komm nur mit, wir sind deinen Kameraden schon auf den Fersen. Jetzt legen wir dir erst mal Fesseln an!"

Becker hielt ruhig die Hände hin, als der Polizist Handschellen herauszog.

„He, das ist ja ein alter Bekannter von mir!" rief plötzlich einer der anderen Polizisten. „Ich hatte ihn schon gefaßt, und wenn mein Rappe nicht von Schüssen wild gemacht worden wäre..."

„Macht es kurz und bringt mich zu Leutnant Beatty, der wird euch schon sagen, wen ihr gefangen habt", sagte Becker.

Als er aus der Höhle trat, sah er mehrere Polizisten, die

nach Spuren suchten. Für Becker begann jetzt ein langer und unbequemer Marsch. Er wurde wieder mit einem Seil an ein Pferd gebunden und mußte geduldig hinterherlaufen. Auch die Beschimpfungen der Männer, an denen sie auf der Straße vorbeikamen, ertrug er. Doch zu seinem Schrecken befand sich Leutnant Beatty nicht mehr am Turon, sein Steuermann war schon aufgebrochen, und von Hafften ebenfalls nicht mehr da. So kannte er niemanden, der ihn identifizieren konnte. Wohl oder übel mußte er also als Gefangener die Nacht verbringen.

Erst am Nachmittag des kommenden Tages kehrte Leutnant Beatty zurück. Aber er hatte noch viel zu erledigen und konnte sich deshalb nicht gleich um den gefangenen Buschranger kümmern. Als die Sonne bereits unterging, fiel ihm wieder ein, daß einer der Gefangenen ihn sprechen wollte. Er ließ ihn vorführen, sah dabei aber nicht von seinen Papieren auf, sondern erkundigte sich nur nach dem Namen. Als Becker antwortete, sprang der Leutnant auf. Er starrte den Gefangenen ungläubig an. Dann aber brach er in ein so schallendes Gelächter aus, daß die Ordonnanz, die vor der Tür gestanden hatte, erschrocken eintrat, weil sie glaubte, es wäre etwas Entsetzliches geschehen.

„Das ist ja... nehmen Sie es mir nicht übel... das ist so komisch..." Der Leutnant konnte sich gar nicht halten vor Lachen.

„Bitte, tun Sie sich keinen Zwang an", antwortete Becker verärgert. „Es muß wirklich komisch sein, einen ehrlichen Mann in Handschellen zu sehen."

Das brachte den Leutnant wieder zur Besinnung. Er schrie den nächsten Polizisten an: „Was ist das für ein

Unsinn? Das ist ein Freund von mir, kein Verbrecher! Die Eisen runter!"

Der Polizist war völlig überrascht. Der Mann hatte die Nacht in verdächtiger Gesellschaft verbracht, wollte nicht gestehen, wo die anderen waren, und sah völlig verkommen aus – und das sollte nun ein Freund des Leutnants sein? Aber er gehorchte natürlich sofort. Vorsichtshalber stellte er sich neben dem Kapitän auf, aber auf einen Wink seines Vorgesetzten hin verließ er den Raum.

Jetzt erzählte Becker seine Geschichte, hielt sich aber an das Wort, das er den Verbrechern gegeben hatte. Er konnte zwar nicht verschweigen, daß sie ihn freigeschossen hatten, aber er behauptete, niemanden erkannt zu haben. In der Nacht hätte er fest geschlafen, und am anderen Tag wären sie bereits fort gewesen.

„Was haben Sie jetzt vor?" erkundigte sich Beatty.

„Ich will so schnell wie möglich nach Sydney und dann ablegen."

„Gut, Sie können morgen mit mir fahren. Ihr Steuermann wird die Abfahrt schon vorbereitet haben."

„Was? Ohne mich?"

„Ja, er hielt Sie für verdurstet oder erschlagen und bedauert jetzt sehr, das Schiff selbst nach Neuseeland bringen zu müssen."

„Der wird sich wundern", sagte der Kapitän und pfiff leise vor sich hin.

„Bis morgen sind Sie noch mein Gast und erholen sich bei mir von den Abenteuern", sagte Leutnant Beatty und verließ dann mit Becker den Raum.

Gertrud

Zur Mittagszeit lag Mr. Suttons Farm wie ausgestorben da. Die Sonne brannte unbarmherzig hernieder, und nur die Emus standen fast regungslos in der Hitze. Plötzlich, wie auf ein Kommando, hoben sie die Köpfe und horchten zur Straße hinüber. Von der Terrasse her kam einer der großen Hunde und knurrte leise. Als das Geräusch eines rollenden Wagens näher kam, schlugen auch die anderen Hunde an. Nun hielt ein kleiner Einspänner vor der Tür. Ein gutgekleideter Mann wartete, ob jemand käme und das Pferd versorgte. Aber niemand zeigte sich, nur die Hunde kläfften und jaulten.

Endlich öffnete sich die Haustür, und Mr. Sutton kam rasch näher.

„Mr. Pitt! Na, das ist aber eine Überraschung! Wieder frisch und gesund wie eine Blume! Fein, kommen Sie, steigen Sie ab!"

„Sehr gern, aber mein Pferd steht nicht gern allein, und ich sehe niemanden, der es mir abnehmen könnte."

„Alle Mann sind in den Minen!" Der alte Herr lachte. „Das Gold hat uns auf den Farmen einen bösen Streich gespielt! Jeden Tag kamen neue Gruppen vorüber, und schließlich hielten es die Männer hier auch nicht mehr aus. Na, sollen sie eine Weile buddeln, sie werden sicherlich bald zurückkommen."

„Nun, dann mache ich es eben selber", sagte Charley, sprang ab und spannte sein Pferd aus. Dabei erzählte ihm Sutton, daß seine Frau und Rebecca zum Nachbarssohn gefahren seien. Rebecca hatte sich inzwischen mit ihm verlobt.

„Sie sehen, wir führen jetzt ein einsames Leben hier auf der Farm. Gestern ist zum Glück der Koch zurückgekommen, er hat als erster aufgegeben."

„Was würden Sie sagen, wenn ich nur gekommen bin, um Ihre Farm noch etwas einsamer zu machen?"

„Das wäre nun wahrlich ein Kunststück! Wollen Sie meine Hunde oder die Emus mitnehmen?"

„Nein!" Charley lachte. „Ist Gertrud zu sprechen?"

„Was? Sie werden doch nicht..."

„Bitte, Mr. Sutton, ich brauche Ihren Rat und Beistand."

Sutton schüttelte den Kopf, aber er folgte dem jungen Mann ins Haus. Fast eine Stunde lang sprachen sie miteinander, dann gingen sie zu Gertrud, die Charleys Ankunft schon bemerkt und ängstlich abgewartet hatte.

„Guten Tag, Gertrud! Sind Sie mir böse, daß ich mein Versprechen halte?"

„Nein, Mr. Pitt..."

„Ich habe die Zeit nicht abwarten können, bis ich wieder hierherfahren konnte. Jetzt hat sich plötzlich alles geändert. Das Schiff liegt bereit zum Auslaufen, ein Teil der Mannschaft ist eingefangen worden. In ein paar Tagen kann ich an Bord gehen."

„Sie sind gekommen, um sich zu verabschieden?"

„Lassen Sie es keinen Abschied werden, Gertrud. Noch liegt es an Ihnen, mich zum glücklichsten Menschen der Welt zu machen. Werden Sie meine Frau. Das Schiff bringt uns beide in eine neue Heimat. Kommen Sie mit mir, weit weg von diesem Land und seinen Erinnerungen, die Sie nur quälen."

„Mr. Pitt... Sie machen es mir nicht leicht..., aber ich

muß Ihren Antrag wieder ablehnen", sagte Gertrud. Die Farbe war aus ihrem Gesicht gewichen, bleich und traurig stand sie vor Charley. „Aber ich fühle, daß ich Ihnen eine Erklärung schuldig bin. Ich will sie Ihnen nicht länger vorenthalten..."

„Ich bin nicht hergekommen, um Ihnen Ihr Geheimnis zu entlocken. Wir hatten beide Zeit, über uns nachzudenken. Ich habe auch mit Mr. Sutton gesprochen, weil ich Sie nicht ohne seine Einwilligung von hier fortholen wollte. Aber wir haben uns wohl beide geirrt, denn auch er stimmte mir zu. Seien Sie mir nicht böse. Denken Sie immer freundlich von mir, und leben Sie wohl."

Er wollte schon das Zimmer verlassen, als sie ihn am Arm zurückhielt.

„Nein, nicht so, Mr. Pitt. Sie sollen nicht annehmen, daß ich Ihr Angebot einfach so abschlage. Aber ich... ich bin schon verheiratet."

„Verheiratet?" rief Charley und sah sie entsetzt an.

„Ich war es zumindest und weiß nicht, ob ich... ob ich noch an das Eheversprechen gebunden bin."

„Das verstehe ich nicht!"

„Ich will Ihnen alles erzählen, hören Sie mir bitte gut zu. Vor sechs Jahren kam ich völlig mittellos nach Australien und erhielt eine erste Anstellung als Wirtschafterin. Ein junger Mann war dort häufig zu Besuch, der mir schon nach kurzer Zeit sagte, daß er mich liebe. Eines Tages rettete er mir das Leben, indem er mich vor einem wütenden Stier beschützte. Er war arm und versprach mir, er wollte zurückkommen, wenn er eine Existenz gegründet hatte. Nach einem Jahr kehrte er tatsächlich zurück und hatte viel Geld verdient, mehr, als wir zunächst brauchten. Ich willigte in die Hochzeit ein. Wir heirateten in Raimonds Terrace. Die Zeremonie war gerade beendet, das Jawort gesprochen, als mich mein Mann mit weißem Gesicht ansah. In diesem Augenblick kam ein Mann auf ihn zu und legte ihm die Hand auf die Schulter. Er war verhaftet – und ich wurde ohnmächtig."

„Was wurde aus ihm?"

„Er hatte mit anderen in der Nähe von Sydney eine Postkutsche überfallen. Zwei Passagiere, die sich gewehrt hatten, wurden getötet. Bei den Verhören ließen sich die Mörder nicht ermitteln. Mein Mann leugnete hartnäckig, aber er wurde zu lebenslänglicher Verbannung nach Norfolk-Island verurteilt."

Gertrud hatte mit leiser, schließlich kaum noch zu verstehender Stimme gesprochen.

„Lebt er noch auf der Verbrecherinsel?"

„Nein. Vor etwa einem Jahr erhielt ich die letzte Nachricht von dort. Er hatte mit drei anderen Sträflingen einen Ausbruchsversuch unternommen. Sie wollten die Insel in einem offenen Boot verlassen. Die Regierungskutter nahmen die Verfolgung auf, aber in der Nacht brach ein fürchterlicher Sturm los. Am nächsten Morgen fand man das Boot umgestürzt auf den Wellen. Es galt als sicher, daß alle ertrunken waren."

„So ist er also doch tot?" rief Charley überrascht.

„Ich weiß es nicht", erwiderte Gertrud. „Der Mann, der mir dies alles erzählte, war selbst mit an Bord des Regierungskutters, der das umgestürzte Boot fand. Er sagte, es wäre gar nicht anders denkbar, als daß alle in der aufgewühlten See ertrunken wären. Die australische Küste lag noch Hunderte von Meilen entfernt!"

„Aber dann sind Sie doch frei, Gertrud, an niemanden gebunden!"

„Kann ich frei sein, wenn ich nicht genau weiß, daß er tot ist?"

„Aber wie wollen Sie das je erfahren? Sie müssen das alles vergessen, dieser Mann war ein Verbrecher!"

„Wollen Sie denn jetzt überhaupt noch etwas von mir wissen, Mr. Pitt?"

„Glauben Sie denn, daß das meine Liebe verringern könnte? Im Gegenteil, ich wiederhole: Werden Sie meine Frau, und lassen Sie uns gemeinsam in Neuseeland ein neues Leben beginnen."

Gertrud antwortete nicht. Sie verbarg ihr Gesicht hinter den Händen und weinte. Charley zog sie an sich und küßte sie auf die Stirn. Sie bemerkten nicht, daß Mr. Sutton eingetreten war.

„Jetzt können Sie die Emus und die Hunde auch mitnehmen, Mr. Pitt. Jetzt ist es kaum noch der Mühe wert, wenn ein lebendes Wesen auf dieser Farm bleibt."

In diesem Augenblick schlugen draußen die Hunde wieder an, und Sutton sah aus dem Fenster. „Da kommen ja meine beiden Damen schon zurück. Wollen Sie mich begleiten, Mr. Pitt, und mir bei den Pferden helfen? Nun, Gertrud, meine Frau wird vielleicht Augen machen...!" Damit verließ er kopfschüttelnd das Zimmer, und der junge Pitt folgte ihm.

Mrs. Sutton war überhaupt nicht davon begeistert, daß Charley mit Gertrud schon so rasch aufbrechen wollte. Aber die Abfahrt des Schiffes stand bevor, und da gab es keinen weiteren Aufschub. Pitts Verwandte wollten ihm bis Paramatta entgegenkommen, wo die Hochzeit sofort stattfinden sollte. Auch die Eltern von Charley hatten hier geheiratet.

In Paramatta

Kapitän Becker und Leutnant Beatty reisten gemeinsam bis Paramatta, wo der Polizist noch einiges besorgen mußte. Der Kapitän war während der Fahrt sehr schweigsam, denn er ärgerte sich darüber, daß er den Verbrechern sein Wort gegeben hatte. Vor dem *Victoria-Hotel* trennten sich die Männer. Der Leutnant hatte hier ein Zimmer gemietet. Am nächsten Tag wollten sich die beiden bei Mr. Pitt treffen.

Bis zum Essen war noch etwas Zeit; der Leutnant ging unruhig im Zimmer auf und ab. Hin und wieder sah er aus dem Fenster auf das Menschengewühl in den Straßen. Noch vor wenigen Wochen war Paramatta ein ödes Städtchen gewesen, eine Art Vorstadt von Sydney. Jetzt verging kaum eine Viertelstunde, in der nicht ein neuer Trupp von Goldgräbern ankam. Schwerbeladene Karren und Fußgänger zogen durch die Straßen, Reiter sprengten vorbei, leichte Fuhrwerke rasselten dahin. Paramatta war in kurzer Zeit ein Magnet für Goldgierige geworden.

Jetzt kam auf der Straße vom Gebirge her ein Reiter auf einem lahmen Pferd daher. Leutnant Beatty hatte den Schimmel irgendwo schon einmal gesehen, aber er erkannte den Reiter nicht, denn er konnte von seinem Standort aus dessen Gesicht nicht deutlich sehen. Jetzt lenkte der Mann zu einem Lokal hinüber und stieg ab, ohne sich um sein erschöpftes Tier zu kümmern.

Beatty hatte ihn nur aus Langeweile betrachtet, und als jetzt sein Essen hereingebracht wurde, wollte er sich

abwenden. In diesem Augenblick fiel sein Blick auf eine Gestalt, die er jedoch sofort wiedererkannte: Es war der Eingeborene im Frack und mit Zylinder. Eben glitt er über die Straße, den Waddie noch immer in der Hand. Wie kam der denn nach Paramatta, und was wollte er hier? Jetzt schlich er vorsichtig an der Tür des Wirtshauses vorbei und warf einen Blick hinein. Dann verschwand er in einer kleinen Seitenstraße.

Während das Zimmermädchen Beatty das Essen hinstellte, ließ er die Straße nicht aus den Augen. Hastig schlang er die Mahlzeit hinunter. So schnell wie möglich, weil er wieder in die Stadt gehen und den Eingeborenen finden wollte.

Als er die Hauptstraße nach ihm absuchte, stand der

Schimmel noch immer vor dem Lokal und kaute an herumliegenden Strohhalmen. Dann bog der Leutnant in eine Seitengasse ein und wurde plötzlich am Arm berührt. Erschrocken fuhr er herum – vor ihm stand der Eingeborene.

„Er ist hier", flüsterte ihm der Mann zu.

„Er? Wer ist er?"

„Der Zauberer!"

„Donnerwetter!" rief der Leutnant überrascht aus. Er hatte nicht geglaubt, hier eine Spur der Verbrecher zu finden. „Weißt du das auch ganz genau?"

„Auf dem Schimmel gekommen... Pferd lahm."

„Das ist er?"

Der Mann nickte und blickte zurück, als befürchtete er, gesehen zu werden.

„Bin ihm gefolgt wie Schatten – Tomjang muß sein Blut haben, ich habe geschworen!"

„Das überlaß lieber uns, wir werden schon dafür sorgen, daß er seine Strafe bekommt. Aber wo ist er jetzt?"

„In dem Haus, wo Pferd steht."

„Bist du ganz sicher?"

„Trinkt – Tomjang hat gesehen – wartet hier, bis es dunkel wird. Viele Leute in Stadt, viele, viele Leute. Am Abend er geht fort."

Das erschien dem Leutnant glaubhaft. In diesem Menschengewühl war eine Kontrolle nicht mehr möglich; ein einzelner Mann konnte sich unauffällig in der Masse verstecken. Sicher war sein Pferd von dem schnellen Ritt lahm geworden. Aber weshalb flüchtete er nicht zu Fuß weiter? Wollte er sich hier ein neues Pferd verschaffen? Diese Gedanken schossen dem Leutnant blitzschnell durch den Kopf. Jetzt war es wichtig, den Mann sofort festzunehmen.

„Geh zurück zu dem Haus, wir dürfen ihn nicht aus den Augen verlieren. Ich hole inzwischen Hilfe, denn freiwillig läßt sich der Kerl bestimmt nicht verhaften. Aber wir brauchen ihn lebendig, damit wir erfahren, wo seine Komplizen stecken."

„Lebendig!" sagte der Eingeborene wütend, und seine Augen funkelten wild.

„Ja, lebendig", wiederholte der Polizist. „Hast du mich verstanden? Du bekommst eine gute Belohnung, wenn wir ihn fassen können."

Tomjang stand einen Augenblick still und sah vor sich auf den Boden. Dann nickte er, drehte sich um und eilte die kleine Straße zurück. Beatty lief zum Polizeigebäude, um schnell ein paar Leute aufzutreiben. Fünf Polizisten waren anwesend, und denen teilte er schnell seinen Plan mit. Bald darauf hatten sie den Gasthof erreicht. Zwei Männer stellten sich an die Hintertür, Leutnant Beatty und drei Mann gingen vorn hinein. Einer blieb an der Tür stehen, der andere etwas weiter zurück. Auch der Eingeborene folgte den Polizisten. Als der Leutnant sich umsah, konnte er den Reiter nicht entdecken.

„Können Sie mir sagen, wo ich den Besitzer des Schimmels finde?" erkundigte er sich deshalb beim Barkeeper.

„Ja, vielleicht kann ich's", antwortete der Mann mit einem halb pfiffigen, halb bösartigen Blick über die Schulter. Er hatte bisher keinen Grund gehabt, sich mit der Polizei auf guten Fuß zu stellen, und haßte alles, was Uniform trug.

„Dann bitte ich Sie, es mir zu sagen. Ich habe ihm eine wichtige Mitteilung zu machen"«, sagte Beatty, noch immer höflich.

11 9125-14

„So? Wohl unter vier Augen?"

„Es ist kein Geheimnis."

„Ach, wissen Sie was, dann sagen Sie es doch einfach mir", antwortete der Ire trocken, und die Männer an der Bar lachten. „Wenn er dann wieder hier vorbeikommt, werde ich es ihm gern ausrichten."

„Danke. Ich werde selbst nach ihm suchen. Allerdings könnte es für Sie unangenehm werden, wenn Sie hier einen Verbrecher verstecken."

„Das war alles?" sagte der Ire lachend. „Bitte, nur zu, tun Sie, was Sie nicht lassen können, Herr General!"

Auf einen Wink des Leutnants hin durchsuchten die Polizisten jeden Winkel des kleinen Gebäudes, ohne jedoch den Buschräuber zu entdecken. Beatty glaubte fest, daß sich der Eingeborene nicht geirrt hatte. Es bestand aber die Möglichkeit, daß der Gesuchte das Haus zufällig verlassen hatte, als der Eingeborene mit dem Leutnant in der Seitengasse sprach. Vielleicht war er jetzt schon zu Fuß nach Sydney unterwegs, oder vielleicht wollte er mit einem Dampfer stromabwärts fahren. Der nächste sollte in einer Stunde ablegen, und so mußte er schnell den Anlegeplatz beobachten lassen.

Als sich Beatty wieder der Tür zuwandte, hörte er den Barkeeper hinter sich etwas sagen. Er reagierte auf die Bemerkung jedoch nicht, sondern befahl einem Berittenen, die Straße abzusuchen, nachdem er ihm den Verbrecher genau beschrieben hatte. Die anderen Männer verteilte er auf genau bezeichnete Plätze, wo sie den Dampfer kurz vor der Abfahrt durchsuchen sollten. Als er sich wieder nach dem Eingeborenen umsah, war der schon verschwunden.

Die Hochzeit

Nicht weit vom Anlegeplatz entfernt befand sich das *Steamer-Hotel.* Es war kein sehr großes Haus, aber bis vor kurzem noch konnte jeder Reisende damit rechnen, Quartier zu bekommen. Seit Ausbruch des Goldfiebers jedoch waren hier alle Zimmer vermietet, und jeder mußte sich vorher anmelden. Eben fuhr das Ehepaar Pitt vor, das sich natürlich schon angekündigt hatte. Bei seinem Eintreffen lag ein Brief von Charley vor, in dem er kurz sein Vorhaben mitteilte und die Eltern bat, bis zwei Uhr alles vorzubereiten. Große Vorkehrungen für eine Hochzeit mußten in Australien nicht getroffen werden; alle umständlichen Formalitäten entfielen hier. Es genügte, daß man sich mit einem Pfarrer besprach, der dann alles andere erledigte. Mr. Pitt schickte einige Kinder in die Umgebung; sie sollten so viele Blumen und Blüten wie möglich sammeln. Mrs. Pitt schmückte unterdes gemeinsam mit ihrer Tochter die kleine Kirche.

Gerade schlug es zwei Uhr, als ein kleiner Kutschwagen vor dem Hotel hielt. Ihm folgte Mr. Sutton zu Pferd. Gertrud wurde ihren Schwiegereltern vorgestellt und hatte schon nach kurzer Zeit ein herzliches Verhältnis zur Familie Pitt gefunden. Um vier Uhr wollten sie mit dem Dampfer nach Sydney zurückkehren, so daß nicht viel Zeit blieb. Die Kirche lag kaum zweihundert Schritt vom Hotel entfernt am Ufer des Paramattaflusses. Es war eine schöne Gegend mit hübschen Anlagen und Villen, eingezäunten Feldern und grünen Wiesen. Auf dem Fluß dümpelten große und kleine Boote vor sich hin.

Bald darauf begann die Zeremonie in der Kirche. Pauline war dabei besonders erregt; sie dachte an Holleck und daran, daß sie sich beinahe unglücklich gebunden hätte.

Aber auch die junge Braut stand bleich und regungslos vor dem Altar. Die tollsten Gedanken schossen ihr durch den Kopf. Schon einmal hatte sie das erlebt... Die Erinnerung daran ließ sie fast ohnmächtig werden. Als der Geistliche sie fragte: „Willst du dem Mann an deiner Seite folgen in Freud und Leid? Willst du bei ihm ausharren in Kummer und Schmerz, in Krankheit und Trübsal und ihm eine treue Frau sein?", da mußte sie sich gewaltig zusammenreißen, um ein leises „Ja" hervorzuhauchen. Jetzt legte der Pfarrer ihre Hände ineinander, und Charley zog sie an sich.

Als sich Gertrud zu den anderen Familienmitgliedern umdrehte und sie glücklich ansah, erkannte sie unter den Anwesenden ein Paar Augen, das sie anglühte, ja durchbohren zu wollen schien. Einen Moment lang stand sie starr vor Entsetzen, dann wurde sie wirklich ohnmächtig.

Jack hatte eine Weile in dem irischen Wirtshaus gesessen, ein großes Glas mit Portwein vor sich. Hin und wieder musterte er mit wütenden Blicken seine Umgebung. Kein Mensch kümmerte sich um ihn, die Leute sprachen nur vom Gold. Die Anwesenden waren fast alles „old coves", Männer also, die für ihre Überfahrt nicht bezahlt hatten. Es waren die sogenannten „ticket of leave men", Leute, die ihre Zeit abgedient hatten und es vorzogen, gleich hier in ihrer Sträflingsheimat zu bleiben. Obwohl Jack unter ihnen groß geworden war, widerte ihn diese Gesellschaft an. Ein paar an ihn gerichtete Fragen beantwortete er ausweichend, so daß er bald wieder in Ruhe gelassen wurde. Nur der Barkeeper sprach ihn noch einmal an.

„Dein Pferd scheint sich lahm gelaufen zu haben."

„Ich weiß."

„Willst du ein anderes kaufen? Ich habe gleich nebenan einen herrlichen Rappen im Stall, den ich dir für einen Spottpreis überlassen könnte. Er ist jetzt – unter Brüdern – sagen wir fünfundzwanzig Pfund Sterling wert. Aber dir würde ich ihn für achtzehn lassen."

„Vielen Dank. Wenn du aber *mein* Pferd kaufen willst, kommen wir eher zusammen."

„So?" brummte der Ire. „Muß ein gutes Tier sein, ist aber völlig fertig. Du kommst wohl aus den Bergen?"

„Ja."

„Und bist in großer Eile, was?" Der Barkeeper lachte laut.

„Weshalb?"

„Ach, ich mein nur so. Hast du denn den Kaufbrief für den Schimmel?"

Jack sah langsam zu dem Iren auf, um dessen Lippen ein spöttisches Lächeln zuckte. Er war aber nicht in der Stimmung, auf einen Scherz einzugehen, und antwortete deshalb finster: „Wenn du besondere Lust hast, den Schimmel zu kaufen, kannst du auch das Papier sehen. Sonst brauchst du nicht danach zu fragen."

„Oho! Nichts für ungut! War nur so eine Anfrage und sollte nichts bedeuten. Du bist hier unter Freunden."

„Das ist mehr, als manch besserer Mann von sich sagen kann", brummte Jack, strich sich die Haare aus der Stirn und drehte den Kopf zum Fenster. Im nächsten Augenblick sprang er auf. Er hätte schwören können, das Gesicht des Eingeborenen vor dem Fenster gesehen zu haben. Mit seinem Zylinder fiel er überall sofort auf. Was wollte der denn hier? Im Nu war er am Fenster und sah hinaus, konnte den Mann aber nicht entdecken. Trotzdem fühlte er sich unbehaglich. Er wollte Gewißheit haben, ob der Wilde ihn nur aus Zufall entdeckt hatte oder ob er ihm gefolgt war. Doch dann verwarf er diesen Gedanken. Er war ja in vollem Galopp aus den Bergen gekommen – wie hätte ihm da jemand zu Fuß folgen können? Jack bezahlte das Getränk, griff seinen Hut und wollte den Raum verlassen.

„Soll ich dem Schimmel nicht eine Handvoll Hafer geben? Er sieht aus, als könnte er es gebrauchen."

„Hast du einen Stall?"

„Den besten in der ganzen Nachbarschaft. Viele der feinen Herren aus Sydney stellen bei mir ihre Pferde unter."

„Gut, dann tu mir den Gefallen und bring den Schimmel dorthin. Behalte ihn so lange, bis ich zurückkomme. Fragen wird wohl keiner nach mir."

„Vieleicht doch – aber sie werden verdammt wenig aus Patrick O'Flannagan herausbekommen!"

Jack wollte noch etwas erwidern, aber er verkniff sich die Antwort. Es war besser, den Mann nicht zu verärgern. Deshalb nickte er ihm noch einmal zu und verließ das Haus. Er bog in die Seitengasse ein und schlenderte langsam auf den Anlegeplatz zu. Er war sich noch nicht ganz schlüssig, ob er mit dem Dampfer nach Sydney fahren sollte; auf alle Fälle wollte er sich erst einmal dort umsehen.

Aber der Gedanke an den Eingeborenen ließ Jack

nicht los. So betrat er eine der Matrosenkneipen, von wo aus er den Platz übersehen konnte. Aber nichts Verdächtiges regte sich. Einmal ging ein Polizist vorbei und kam auch kurz in das Lokal, um ein Glas Brandy zu trinken. Aber Jack kümmerte sich nicht um ihn. Auch der Polizist schien ihn nicht zu beachten. Nachdem er das Glas ausgetrunken hatte, verließ er die Kneipe, ohne mit jemandem gesprochen zu haben.

Jack sah ihm nach, als er plötzlich auf eine Gruppe von Menschen aufmerksam wurde. Es war ein kleiner Aufzug – ein älterer Herr ging mit einem jungen Mädchen voran, dann folgte ein etwas dickerer Mann mit einer Dame und dahinter ein junger Mann mit einer festlich geschmückten Braut. Als Jack das Mädchen genauer ansah, fuhr er plötzlich von seinem Stuhl hoch. Es war ihm, als hätte er einen elektrischen Schlag erhalten. Aber ehe er richtig überlegen konnte, war die kleine Gruppe auch schon an ihm vorbeigegangen. Der Wirt stand neben Jack und betrachtete den Hochzeitszug lächelnd.

„Wirklich ein prächtiges Mädchen. Charley Pitt hat keinen schlechten Geschmack."

„Wer war das?" erkundigte sich Jack, noch wie im Traum.

„Das?" Der Wirt sah ihn verwundert an. „Mr. Pitt aus Sydney. Sein Sohn heiratet heute ein Mädchen von Mr. Suttons Farm. Kennen Sie denn Mr. Pitt nicht? Er ist einer der reichsten Männer von Sydney. Es ist richtig nett, daß sein Sohn ein so armes Mädchen heiraten durfte. Nun, sie stammen ja auch aus einfachen Verhältnissen, der alte Pitt – hm, den werden Sie doch kennen. Bei den ‚old coves' hieß er immer nur ‚Pumkin'."

Jack hörte nicht mehr auf die Worte des Mannes,

sondern starrte wie gebannt hinter dem kleinen Aufzug her.

„Wollen Sie die Hochzeit mit ansehen? Die Kirche ist gleich nebenan, keine dreißig Schritte von hier. Ja, das war auch eine merkwürdige Geschichte, wie der junge Mr. Pitt seine Braut kennengelernt hat. Gerade als die Kutsche, mit der die Nachricht von den Goldfunden kam..."

Jack griff seinen Hut und wandte sich zur Tür.

„Warten Sie, ich komme mit!" rief der Wirt. „Dann kann ich Ihnen die Geschichte unterwegs erzählen. Na so was!" brummte er lachend vor sich hin, als Jack so schnell vorauslief, daß er ihm kaum folgen konnte. Der Buschräuber hörte nichts mehr, sondern folgte nur noch dem Hochzeitszug. Dabei bemerkte er auch nicht den Eingeborenen, der sich eben hinter einem Kran versteckte und Jack beobachtete, bis der das Gotteshaus betreten hatte. Der Wirt holte ihn erst in der Kirche ein; ein Gespräch war hier nicht mehr möglich. Charleys Geschichte hatte sich bald überall herumgesprochen, und besonders die Frauen des Ortes interessierten sich für das Paar. Deshalb war die kleine Kirche bis auf den letzten Platz gefüllt. Die Klänge der Orgel hallten voll und melodisch durch den gewölbten Bau, und alle drängten nach vorn, um so viel wie möglich zu sehen. Jetzt hielt der Pfarrer seine Ansprache, und die Formel folgte, die das Bündnis schließen sollte.

Da drängte sich ein Mann durch die Menge nach vorn, um die Braut anzusehen. Als Gertrud sich umdrehte, begegneten sich ihre Blicke. Im nächsten Augenblick brach sie zusammen, und Charley konnte sie gerade noch auffangen. Nur er war ihrem Blick gefolgt und hatte das bleiche Gesicht des Mannes in der Menge auch bemerkt. Wer war dieser Fremde? Eine Ahnung durchzuckte den jungen Pitt, und als er sah, daß der Mann sich abwandte, eilte er ihm nach und bekam ihn gerade noch am Arm zu fassen.

„Wer sind Sie?"

Jack wollte die Kirche gerade verlassen, um wieder einen klaren Kopf zu bekommen. Er hatte Gertrud wiedererkannt, und ihre Ohnmacht überzeugte ihn davon, daß er sich nicht getäuscht hatte. Aber was sollte er unternehmen? In diesem Moment packte Mr. Pitt ihn am Arm. Kalt und höhnisch lachte Jack ihn an.

„Wer ich bin, wollen Sie wissen?"

Charley nickte und konnte kein Wort herausbringen.

„Wenn du es unbedingt wissen willst, ich bin der Mann von der Frau da!" sagte der Buschranger dicht an seinem Ohr. Dann drängte er sich schon aus der Tür. Wie ein Schlag trafen Charley diese Worte, und er war zu keiner Bewegung mehr fähig.

Plötzlich flüsterten sich die Leute etwas zu, und schließlich tönte es laut: „Vor der Kirche haben sie einen Buschräuber festgenommen!"

Neugierig drängten die Menschen aus dem Gotteshaus, um sich dieses Schauspiel nicht entgehen zu lassen. Charley eilte unterdessen zu seiner Frau, die eben wieder zu Bewußtsein kam. Leise flüsterte er ihr zu: „ Nur Mut, Gertrud. Du gehörst jetzt zu mir, und alles andere wird sich finden. Du mußt Vertrauen haben, großes Vertrauen! Bitte." Gertrud schloß wieder die Augen und drückte die Hand ihres Mannes.

Der Pfarrer hatte die Zusammenhänge auch erkannt. Ihm war nicht entgangen, daß Mr. Pitt mit dem Mann gesprochen hatte, und er brachte ihn sofort mit dem verhafteten Verbrecher in Verbindung. Jetzt bot er dem Paar an, sich einen Augenblick in der Sakristei auszuruhen, bis sich die Menschenmenge vor der Kirche zerstreut hätte.

„Von dort aus können Sie die Kirche durch eine Nebentür verlassen", bemerkte er abschließend. „Es war wohl eine kleine Schwäche, und in einer halben Stunde..."

Er hielt erschrocken inne, als drei, vier Schüsse hintereinander fielen. Während Charley noch seine Angehörigen beruhigen wollte, knatterten draußen weitere Schüsse, aber das konnte kein Kampf sein, denn auf einmal war lautes, jubelndes Lachen zu hören.

„Junge Leute, die wegen der Hochzeit in die Luft schießen. Das ist doch kein Grund zur Beunruhigung", sagte Mr. Sutton, während sie alle die Sakristei verließen. Eine riesige Menschenmenge, die inzwischen auf einige hundert Zuschauer angewachsen war, drängte zum Flußufer, und einige schossen mit Pistolen auf das Wasser. Weiter unten ruderten je vier Männer in zwei Booten mit großer Schnelligkeit auf die andere Uferseite zu.

Was war geschehen?

Jack hatte die Kirche voller Rachegefühle verlassen. Jetzt konnte er den Dampfer natürlich nicht mehr benutzen. Mit einbrechender Nacht wollte er sich deshalb ein Pferd besorgen und in wenigen Stunden in Sicherheit sein. Dann konnte er sich überlegen, wie er sich an dem Mädchen rächen würde.

Plötzlich fuhr er erschrocken aus seinen Gedanken auf. Aber da war es auch schon zu spät. Vier kräftige Arme hatten ihn gepackt, und ehe er seinen Revolver ziehen konnte, warfen sich zwei weitere Polizisten auf ihn.

Gegen diese Übermacht nutzten Jack auch seine Bärenkräfte nichts. Leutnant Beatty, der von dem Eingeborenen wieder auf die Spur des Verbrechers gebracht worden war, hatte seine Leute richtig postiert. Im nächsten Augenblick schlossen sich die Handschellen um Jacks Hände.

Tomjang führte einen wilden Tanz um den Gefangenen auf und wirbelte dabei seinen Waddie gefährlich durch die Luft. Als die Polizisten Jack wegbringen wollten, stand Tomjang plötzlich dicht vor ihnen.

„Muß hierbleiben! Mann gehört mir!"

„Wer gehört dir?" erkundigte sich der Leutnant erstaunt.

„Der da, der Zauberer!" rief der Wilde mit haßglühenden Augen.

„Unsinn, der gehört vor ein Gericht und wird dort auch bestraft. Wenn du etwas gegen ihn vorbringen willst, dann mach das da. Aber ich glaube, er hat auch schon so genug auf dem Kerbholz. Die Belohnung ist dir jedenfalls sicher! Komm morgen auf die Polizeistation in Sydney, und sie soll dir ausgezahlt werden."

„Aber er gehört mir, er hat meine Mutter umgebracht, und ich muß dafür sein Blut haben!" schrie der Eingeborene mit zorniger Stimme.

„Komm morgen nach Sydney, dort besprechen wir alles. Jetzt mach Platz, es nutzt dir doch nichts!"

„Nutzt nichts?" wiederholte der Wilde und starrte finster auf den Gefangenen.

Jack stand dicht vor ihm, die Hände auf den Rücken gefesselt, von zwei Mann eisern festgehalten. Der Hut war ihm bei dem Kampf vom Kopf gefallen, und das Haar hing ihm wirr ins Gesicht. Aber er richtete sich stolz auf und begegnete dem Blick des Eingeborenen höhnisch und voller Verachtung.

„Na, wird's bald? Aus dem Weg!" rief einer der Polizisten und wollte ihn zur Seite schieben.

„Mein ist er!" heulte Tomjang auf, bog seinen rechten Arm weit zurück, und ehe noch jemand seine Absicht begriffen hatte, schmetterte er den Waddie mit unheimlicher Kraft auf die Stirn des Gefangenen. Jack brach zusammen, und im nächsten Moment war der Eingeborene unter den Händen der Polizisten durchgetaucht, drehte sich noch einmal um und schwenkte den Zylinder. Dann verschwand er in den Fluten des Stromes.

Nun löste sich die Spannung der Menge, und alles stürzte zum Ufer und schrie wild durcheinander. Die Männer rissen ihre Waffen heraus und feuerten auf den treibenden Zylinder. Tomjang war aber schon weggetaucht und erschien erst nach langer Zeit wieder. Sofort wurde auf ihn geschossen, bis man bemerkte, daß es nur sein alter Frack war, der dort schwamm. Er selbst war nur einmal vorsichtig mit dem Gesicht aufgetaucht, hatte Luft geschöpft und war dann sofort wieder unter Wasser gegangen. Erst außerhalb der Schußweite tauchte er wieder auf und schwamm mit kräftigen Zügen stromabwärts. Er suchte sich eine Stelle am Ufer aus, wo keine Häuser standen und wo der dichte Urwald bis an das Wasser reichte. Mehrere Männer in Booten versuchten, ihm den Weg abzuschneiden, aber Tomjang tauchte erneut und hatte gleich darauf das rettende Ufer erreicht. Bevor er im Dschungel verschwand, stieß er noch einen wilden Triumphschrei aus.

Als die Familie Pitt aus der Kirche kam, war der Eingeborene schon verschwunden, und die Polizisten brachten den toten Jack in das Gebäude der Wasserpolizei. Schaudernd sah Charley der Gruppe nach, dann atmete er tief auf. Wieviel schweres Leid war ihnen erspart worden!

In Sydney

Ein stiller, glücklicher Abend im Hause der Pitts schloß den Hochzeitstag ab. Auch Baron von Hafften, der aus den Minen zurückgekehrt war, nahm an der Feier teil. Nachdem Charley seiner Frau von dem Tod des Buschräubers berichtet hatte, belastete eigentlich nur noch die Sorge um den verschwundenen Kapitän die Runde. Man hatte sich gerade zum Essen an den Tisch gesetzt, als das Dienstmädchen hereinkam und meldete, daß jemand Mr. Pitt sprechen wollte.

„Aber doch nicht heute! Wer ist es denn?"

„Der Deutsche, der schon oft hier gewesen ist. Ich glaube, er ist Kapitän."

„Was? Kapitän Becker?"

Da trat er auch schon ein und wurde freudig begrüßt.

„Sollte mir leid tun, wenn ich störe", sagte Becker.

„Sie stören doch nicht! Sie hätten uns heute keine größere Freude machen können! Bleiben Sie hier, und erzählen Sie uns, was eigentlich passiert ist."

Kapitän Becker ließ sich nicht lange bitten und berichtete in seiner drolligen Art von den Erlebnissen der letzten Tage. Besonders die Schiffsjungenjagd erzählte er mit solchem Erfolg, daß Mr. Pitt vor Lachen die Tränen kamen. Von Hafften schloß sich dann an mit dem Bericht von seinem Goldseeabenteuer. Als Mr. Sutton schließlich um zehn Uhr das Zeichen zum Aufbruch gab, trennte man sich nur ungern. Kapitän Becker mußte noch bleiben und dem jungen Mr. Pitt bei einer Flasche Sherry und einigen Zigarren weiter erzählen. Dabei kam die Sprache auch auf Holleck.

„Sind Sie ihm zufällig in den Minen begegnet, Kapitän?" erkundigte sich Charley.

„Nein, die Berge sind so weitläufig, da ist es fast ausgeschlossen, Bekannte zu treffen. Aber was geht uns der Kerl auch an."

„Leider sehr viel", antwortete Charley und berichtete von dem Überfall auf die Postkutsche. Kapitän Becker wurde sehr nachdenklich, zog sich dann aber bald zum Schlafen zurück.

Am nächsten Morgen um neun Uhr weckte Mr. Pitt den Kapitän.

„Sie haben einen gesunden Schlaf, Kapitän. Aber jetzt müssen Sie aufstehen, denn Ihr Steuermann ist unten. Er weiß aber noch nicht, daß Sie hier sind."

„Der Steuermann? Donnerwetter!" sagte der Kapitän und fuhr schlaftrunken hoch. „Ich komme gleich – halten Sie ihn nur noch etwas auf!"

Schnell zog sich Becker an und stieg dann vergnügt die Treppe hinunter. Er hörte, wie sich Pitt gerade mit dem Steuermann über sein Verschwinden unterhielt.

„Es wird mir jetzt recht einsam auf dem Schiff werden", schloß der Steuermann gerade seine Rede.

„Na, dann kann ich Ihnen ja Gesellschaft leisten", sagte der Kapitän und trat ein.

„Kapitän!" schrie der Steuermann und drehte sich überrascht um. „Kapitän... Sie in Sydney!? Das freut mich aber, daß Sie wieder da sind!"

Der Kapitän schmunzelte. Er war davon überzeugt, daß sein Steuermann gar nicht so begeistert von seinem Auftauchen war.

„Wo haben Sie bloß die ganze Zeit über gesteckt?"

„Das erzähle ich Ihnen alles unterwegs. Jetzt fahren Sie so schnell wie möglich zurück, und machen Sie das Schiff klar zum Auslaufen."

„Wir haben nur unsere drei Gefangenen als Besatzung, Kapitän!"

„Keine Sorge, ich habe genügend Leute."

„Sie haben schon Matrosen angeheuert?" Der Steuermann war völlig überrascht. Da verschwand sein Kapitän scheinbar für immer im Busch, um dann plötzlich unvermutet wieder aufzutauchen und auch noch eine Mannschaft mitzubringen...

„Wir nehmen außerdem noch drei Passagiere mit. Der Steward soll die Kojen klarmachen und sich um den Proviant kümmern."

Der Steuermann verschwand mißmutig, und Becker frühstückte erst einmal in Ruhe mit den Pitts. Anschließend hatte er noch einige Besorgungen zu machen.

Während der ganzen Zeit ging ihm Holleck nicht aus dem Kopf. Er konnte doch nicht ihn und Mr. Pitt zusammen an Bord nehmen! Und was würde dessen Vater sagen, wenn er erführe, daß er dem Verbrecher auch noch zur Flucht verholfen hatte! Aber was konnte er schon tun?" Er hatte sein Wort gegeben, und daran war nichts mehr zu ändern. Ohne diese Leute war auch an eine Abreise nicht zu denken. Sollte er noch länger in diesem verdammten Sydney bleiben? Er mußte Holleck treffen und ihn warnen. Der Zettel sollte auch noch abgegeben werden. Wenn er eine Nachricht für ihn mit draufschriebe? Aber Holleck würde bestimmt nicht zu dem Treffen kommen, weil er Verrat befürchtete.

Der Kapitän befand sich in einer Lage, die seiner ehrlichen Natur zuwider war. Er ging wie im Traum umher und wußte nicht, was er anfangen sollte. Ja, der Versuch mit dem Zettel mußte gewagt werden! Reagierte Holleck nicht darauf, dann gab es noch die Möglichkeit, ihn „vor dem Mast", bei der Mannschaft also, zu verstecken.

Die Pitt Street war um diese Zeit sehr belebt. Hier stand nicht nur das Theater, sondern ein übles Lokal und Tanzhaus reihte sich an das andere. Es war ein Sammelplatz von schönen Mädchen und Matrosen; dazwischen sah man aber auch viele Städter. Dem Theater gegenüber lag das anständigste Haus von allen, das Shakespeare-Haus, das den Namen von seinem Tanzsaal bekommen hatte; dort war nämlich der englische Dichter in Lebensgröße auf eine Kalkwand gemalt, umgeben von Figuren aus seinen Werken – die aber eher wie Karikaturen aussahen. An der anderen Wand stand ein völlig verstimmtes Klavier, auf dem ein nach Stunden bezahlter „Musiker" nur Krach veranstaltete. Unter die Bilder hatte man Sofas gestellt, dazwischen auch einfache Bänke. Frauen in schweren Seidenkleidern und bunten Röcken saßen mit Herren im Frack oder in roten Minerhemden bunt durcheinander; Kellner eilten hin und her und wichen den Gästen nicht eher von der Seite, bis sie ihre Getränke bezahlt hatten. Dazwischen wogte der Tanz,

dem sich alle ausgelassen hingaben. Lärmen, Tosen, Lachen und Schreie erfüllten den großen Raum, so daß man sein eigenes Wort nicht verstehen konnte. Als der Kapitän sich durch die Menge drängte, wurde er mehrfach hin und her gestoßen. Er sprach verschiedene Kellner an, aber keiner wollte den Zettel in Empfang nehmen. Alle erklärten sie, daß sie keine Zeit hätten. Der Wirt war unten im Haus bei der Kegelbahn, und ihm wollte er endlich den Zettel geben.

„Was steht denn darauf?" erkundigte sich der Wirt.

„Wann ich absegele."

„Und was geht mich das an?"

„Vielen Dank", antwortete der Kapitän. Ich habe es überall versucht, jetzt ist es mir auch egal."

Als er den Raum verlassen wollte, hielt ihn der Wirt am Arm fest.

„Bitte zeigen Sie mir doch mal Ihren Zettel."

Der Kapitän sah ihn einen Moment forschend an, dann gab er ihm das Papier. Der Wirt las leise den Text: „Ich segele Sonnabend um elf Uhr. Habe vorher H. eine Mitteilung zu machen. Wo kann ich ihn sprechen? Antwort hole ich mir morgen hier ab. Becker."

Der Wirt faltete den Zettel zusammen und steckte ihn ein.

„Ich hatte Ihre Bestellung nicht richtig verstanden. Möchten Sie Punsch oder einen St. Gris?"

Kapitän Becker lachte. „Einen St. Gris."

„Johnny, einen St. Gris für den Herrn da!" rief der Wirt und ging wieder zur Kegelbahn, ohne sich weiter um den Kapitän zu kümmern. Becker trank sein Glas langsam aus und beobachtete dabei die Kegelspieler. Als ihm der Lärm zuviel wurde, ging er wieder nach oben in den Tanzsaal.

Der Kapitän war nicht allein gekommen. Nicht, daß er Angst gehabt hätte, aber er hatte sich von einem Mann der Wasserpolizei – allerdings in Zivil – begleiten lassen, weil ja durchaus die Möglichkeit bestand, daß er hier noch auf Männer seiner Mannschaft traf. Der Saal war dermaßen überfüllt und verraucht, daß man kaum atmen konnte. Becker sah sich nach seinem Begleiter um und fand den Polizisten in einer Ecke sitzend. Ein Trupp junger Männer war gerade dabei, den Raum zu verlassen, als ihnen Kapitän Becker entgegentrat. Einer von ihnen wollte mit einem „Please, Sir!" vorbei, als er plötzlich wie angewurzelt stehenblieb. Er schien keiner Bewegung mehr fähig zu sein und starrte den Kapitän mit aufgerissenen Augen und offenem Mund an. Becker wollte gerade die Männer vorbeilassen, als er zu seinem grenzenlosen Erstaunen seinen Schiffsjungen vor sich sah!

„Na, Hannes, mein Junge", sagte der Kapitän, und sein Gesicht glühte vor Vergnügen. Er legte beide Hände auf die Knie und bückte sich so weit herunter, daß sich sein Gesicht mit dem des armen Jungen in gleicher Höhe befand. „Ist es denn die Möglichkeit? Und wie geht's denn so? Wie war es oben in den Minen? Schön?"

Das brachte den Schiffsjungen wieder zu sich. Flucht war nicht mehr möglich, und so sah er ein, daß er jetzt auf die Gnade seines Vorgesetzten angewiesen war.

„Ach, Kapitän, verehrter bester Kapitän, ich will nie wieder weglaufen! Gnade! Gnade!"

„Seht euch den Jungen an", schmunzelte der Kapitän. „Was ist das doch für eine Freude, wenn sich ein paar alte Freunde nach langer Zeit wiedertreffen. Wo geit et denn, min Jong?"

„Ach, Kapitän, ich will ja meine Arbeit ordentlich machen!" bettelte der Schiffsjunge, dem das freundliche Verhalten des Kapitäns viel unheimlicher war, als wenn er getobt hätte. Inzwischen hatten sich schon einige Männer um sie versammelt, und da alle Kapitäne diese Probleme kannten, wußte jeder gleich, was sich hier abspielte. Ein paar der Matrosen wollten dem Jungen helfen.

„Lauf doch, du Holzkopf", flüsterte ihm einer zu. „Wir helfen dir!"

Der Junge sah den Mann zweifelnd an, als der Polizist, der den Kapitän begleitete, plötzlich sagte: „Halt, Gentlemen! Der Junge ist mein Gefangener, im Namen der

Königin! Laßt die Finger von ihm, wenn ihr keinen Ärger haben wollt!"

Damit verließen die drei das Lokal, ohne daß einer der Matrosen es riskierte, einzugreifen. Eine Viertelstunde später saß Hannes, den Kopf zwischen den Knien und bitter weinend, bei seinen früheren Kameraden im Gefängnis. Kapitän Becker ging vergnügt die George Street hinauf, um rechtzeitig bei den Pitts zur heute stattfindenden großen Hochzeitsfeier einzutreffen. Über seinem glücklichen Fang hatte er die unangenehme Geschichte mit Holleck ganz vergessen.

Auf dem Ball

Heute ging es in Mr. Pitts Haus turbulent zu. Ab acht Uhr fuhr ein Wagen nach dem anderen vor. Festlich gekleidete Gäste stiegen aus und betraten den taghell erleuchteten Vorsaal. Mr. Pitt war sonst immer sehr bescheiden, aber heute, zur Hochzeitsfeier seines Sohnes, war ihm nichts zu teuer und zu kostbar gewesen. Nur der alte Mr. Pitt war nicht dazu zu bewegen gewesen, auch an dieser Feier teilzunehmen. Er wollte nicht in der Öffentlichkeit erscheinen, um seinem Sohn keine Schwierigkeiten zu machen. Aber das junge Paar sollte ihn am nächsten Tag besuchen.

Während den Gästen Tee gereicht wurde, gratulierten sie den frisch Vermählten. Gertrud atmete erst auf, als die Musik aufspielte und Charley mit ihr den Tanz eröffnete.

In den Nebenzimmern, in denen Erfrischungen bereitstanden, sammelten sich kleine Gruppen. Auch Kapitän

Becker hatte sich hierher zurückgezogen und saß auf einem Sofa. Hin und wieder huschte ein breites Lachen über sein Gesicht, wenn er an die Szene mit dem Schiffsjungen dachte.

„Hallo, Kapitän, so einsam und doch so fröhlich?" erkundigte sich eben Leutnant Beatty.

„Oh, Leutnant, wie geht es Ihnen?"

„Ich bin gerade erst gekommen, denn die Polizei hat in letzter Zeit besonders viel zu tun. Ich habe auch gute Nachrichten für Sie, falls Sie noch Männer für Ihr Schiff brauchen."

„Wirklich? Wieso denn?"

„Vor drei Tagen ging die *Lucy Neal*, deren Mannschaft auch weggelaufen war, mit neuer Besatzung nach Auckland ab. Heute haben wir das ganze Nest in der Druitt Street ausgehoben. Es sind acht Mann, die wir dem Schiff nachschicken möchten. Besser hätte es für Sie doch nicht kommen können, oder? Sie brauchen der Polizei hier nur den Lohn für die Leute im voraus zu bezahlen, weil davon die Kosten für das Einfangen bestritten werden."

„Hm", sagte der Kapitän, der nicht wußte, was er mit der guten Nachricht anfangen sollte. „Wäre mir gestern noch sehr erwünscht gewesen, aber heute – die Sache ist die... ich habe schon genügend Leute angemustert!"

„Was? Wie haben Sie die denn an einem Tag aufgetrieben? Na, dann kann ich einen anderen damit glücklich machen. Nur fährt leider kein zweites Schiff nach Auckland. Aber es ist schon neun Uhr vorbei..."

„Sie wollen doch nicht schon wieder weg?"

„Nur für eine halbe Stunde. Wir hoffen, heute noch einen guten Fang zu machen."

„Noch mehr Matrosen? Vielleicht fassen Sie dabei ja

auch noch ein paar von meinen!"

„Das bestimmt nicht. Wissen Sie eigentlich, Kapitän, daß der Verbrecher Holleck wieder in der Stadt ist?"

„Sind Sie da sicher?"

„Wir haben eine ziemlich genaue Auskunft bekommen, wo er sich am Abend aufhält und in welcher Gesellschaft. Mit etwas Glück fassen wir die ganze Bande. Der Bursche, der in Paramatta von dem Schwarzen erschlagen wurde, gehört auch dazu."

„Von welchem Schwarzen?"

„Ach so, Sie waren ja schon wieder weg und haben nichts davon gehört. Aber ich muß jetzt los, in einer Stunde bin ich bestimmt zurück, und sollte Mr. Pitt inzwischen nach mir fragen, so entschuldigen Sie mich bitte. Sagen Sie ihm aber nicht, was ich vorhabe! Wir wollen ihm den heutigen Tag nicht verderben."

„Gut. Was ich noch fragen wollte, Mr. Beatty, glauben Sie sicher, daß Sie die Bande heute schnappen? Und diesen Holleck, meine ich?"

„Ich hoffe, ja."

„Und die Mannschaft für Neuseeland?"

„Ach, die bringe ich schon irgendwo unter, keine Sorge."

„Tun Sie mir bitte den Gefallen, und warten Sie damit noch etwas. Es könnte möglich sein, daß ich sie doch noch brauche. In diesen Zeiten sind die Leute so unzuverlässig – man kann nie wissen."

„Aha, das haben Sie auch schon gemerkt? Aber wenn das Kriegsschiff nicht rüberfährt, haben Sie im Augenblick keine Konkurrenz, Kapitän. Ich will Ihnen die Mannschaft gern aufheben, bis Ihre Leute an Bord sind. Also, auf Wiedersehen, Kapitän." Damit nahm der Leutnant seine Mütze und verließ die fröhliche Gesellschaft.

Der Kapitän blieb mit sehr gemischten Gefühlen zurück. Er lächelte nicht mehr still und vergnügt vor sich hin, denn er dachte an die Folgen... Wurde Holleck mit seinen Freunden festgenommen, dann konnten sie auf die Idee kommen, daß er sie verraten hätte. Zu dumm, daß er Holleck den Zettel mit seiner Unterschrift geschickt hatte! Wenn er in Beattys Hände fiel und Mr. Pitt davon erfuhr – nicht auszudenken! Auf jeden Fall war der Kapitän seine Mannschaft los.

Lange konnte er jedoch nicht über seine Lage nachdenken, denn die Gäste rissen ihn aus diesen finsteren Gedankengängen. Sie ließen ihm so lange keine Ruhe, bis er ihnen in den Saal folgte und mit ihnen tanzte.

Gegen elf Uhr kehrte Beatty zurück, und Kapitän Becker hätte viel darum gegeben, wenn er sofort mehr über den Ausgang der Aktion erfahren hätte. Aber der Leutnant schien erst einmal nachholen zu wollen, was er versäumt hatte: Er tanzte mit allen Damen und ließ keinen Tanz aus. Erst als mit einem Tusch das Zeichen zum Essen gegeben wurde, konnte sich der Kapitän an ihn heranpirschen.

„Wie ist der Streifzug ausgegangen?"

„Haben Sie Mr. Pitt nichts erzählt?"

„Natürlich nicht. Haben Sie die Burschen?"

„Nein. Sie müssen Wind von der Sache bekommen haben, denn wir waren sehr vorsichtig. Aber alles war umsonst."

Dem Kapitän fiel ein Stein vom Herzen. „Sind Sie sicher, daß sich Holleck wirklich in Sydney befindet?"

„Er ist von einem Bekannten gesehen worden. Ich kann mir auch denken, was diese Verbrecher hierher führt."

„Ja? Was meinen Sie?"

„In den Bergen konnten sie nicht länger bleiben, das ganze Land wird ihnen wegen der dauernden Verfolgung zu unsicher. Meistens versuchen solche Kerle, mit einem Boot zu fliehen. Die kleineren Fahrzeuge können wir überwachen, aber was ist, wenn sie, als Matrosen verkleidet, an Bord eines großen Schiffes gehen? Auf hoher See übernehmen sie dann das Schiff und sind in Sicherheit."

„Glauben Sie wirklich, daß so etwas möglich wäre?"

„Aber natürlich, Kapitän! Wenn nur zwei oder drei von ihnen an Bord sind, werden sie die übrige Mannschaft zur Meuterei anstacheln und ihnen goldene Berge versprechen. Auf diese Weise ist solchen Kerlen schon so manches Schiff in die Hand gefallen. Aber kommen Sie, Kapitän, es gibt Essen, und ich habe nach dem Nachtmarsch einen riesigen Hunger mitgebracht."

Dem Kapitän war gar nicht mehr nach Essen zumute. Die Gedanken wirbelten ihm durch den Kopf, während der Leutnant munter weiter auf ihn einredete. Das Essen wurde ihm noch zusätzlich zur Qual, da zwei ältere Damen an seiner Seite saßen, die seine Minenabenteuer in allen Einzelheiten hören wollten. Als endlich die Musik wieder spielte, flüchtete Becker wütend in das Raucherzimmer.

Beatty hatte ihn stark beunruhigt. Was sollte er aber anfangen, um nicht an sein Versprechen gebunden zu bleiben? Mußte er sein Wort Verbrechern gegenüber halten? Konnte er je wieder einem ehrlichen Mann ins Gesicht sehen, wenn er sie verriet? Sollten sie wirklich die anderen Matrosen aufwiegeln, dann sah es für das Schiff nicht gut aus. Mit Charley Pitt, dem Steuermann und dem Steward waren sie vier Personen, die alle gute Waffen hatten. Außerdem nahm Mr. Pitt noch einen Diener mit, machte also fünf Mann. Der Segelmacher war bestimmt auch ein ehrlicher Kerl, der sich von den anderen nur hatte verleiten lassen. Sie wären also zu sechst gewesen – was wollten die paar Mann dagegen machen? Unsinn! Jetzt war nichts mehr zu ändern, er mußte die Sache nehmen, wie sie kam. Nur der verdammte Schiffsjunge hatte ihn in diese Lage gebracht. „Na warte, Bürschchen, wenn wir beide unsere Rechnung begleichen!" brummte er vor sich hin.

Der Tanz hatte wieder begonnen, und während einige ältere Herren Karten spielten, andere sich unterhielten, stand Becker auf, ging in sein Zimmer und wollte sich erst einmal richtig ausschlafen. Er wickelte sich in eine Decke und war bald eingedämmert, trotz der Tanzmusik unter ihm.

An Bord

Am nächsten Morgen ging Kapitän Becker wieder in das Shakespeare-Haus. Hier sah es um diese Zeit wüst und leer aus. Schmutzige Gläser, schläfrige Kellner und dreckige Tische registrierte der Kapitän gleich, als er eintrat. Aber für ihn war keine Botschaft hinterlassen worden. Der Wirt weigerte sich sogar, ihm zu sagen, was er mit dem Zettel gemacht hatte und ob er an den richtigen Empfänger gelangt war.

„Ich kann mich an keinen Zettel erinnern", erklärte er seelenruhig. „Wenn das der Fall war, dann ist er auch befördert worden, denn in meiner Tasche ist er nicht mehr."

Mehr konnte der Kapitän nicht herausbekommen. Er blieb noch einige Zeit in der Nähe des Lokals und wollte dann zum Hafen gehen, als ihm plötzlich ein kleiner Junge nachgelaufen kam.

„Sie haben was verloren!" rief er und hielt ihm einen kleinen schmutzigen Zettel entgegen.

Der Kapitän betrachtete ihn. „Wir kommen an Bord – denken Sie an Ihr Wort!" las Becker und rief dann: „Da haben wir es! Wer hat dir denn..." Er sah sich aber vergeblich nach dem Jungen um. Nun zerriß er den Zettel in kleine Stücke und ging die Straße zum Hafen hinunter.

Der Tag verging für ihn sehr schnell. Fracht wurde noch in großer Menge geladen, Wasser und Proviant für sein Schiff waren schon gekommen, und für den nächsten Morgen hatte er seine eingefangenen Matrosen bestellt. Mit ihnen und ein paar gemieteten Tagelöhnern wollte er dann die Segel setzen und den großen Anker aufwinden.

Die Gefangenen wurden ihm von der Wasserpolizei an Bord gebracht; die Polizisten hatten dabei den Auftrag erhalten, bis zum Ablegen an Bord zu bleiben, falls einer von ihnen einen Fluchtversuch wagen sollte. Kapitän Becker hielt das zwar für unnötig, aber die Polizisten beachteten seinen Einwand nicht weiter. Für sie galt nur der ausdrückliche Befehl Beattys.

Dann war es soweit. Die Segel wurden halb aufgehißt. Dadurch unterstützte die schwache Westbrise den leichten Anker gegen die noch anströmende Flut. Der Hauptanker war schon hochgehievt worden, und am Hauptmast wehte das Signal für die Wasserpolizei, daß das Schiff segelfertig sei und bald ablegen wollte.

Am Vormast wehte noch eine kleine feuerrote Flagge. Solch ein Privatzeichen war auf den Handelsschiffen durchaus üblich. Es galt als verabredetes Signal, um noch einiges an Bord zu nehmen, und war so klein, daß es von Land kaum mit bloßem Auge erkannt werden konnte.

Aus dem Hafen kamen jetzt zwei Boote mit Wimpeln herangerudert. Der Kapitän erkannte das junge Ehepaar mit Begleitung. Zu seinem Ärger stellte er fest, daß sich auch einige Damen in den Booten befanden.

„Krieg man gau die Gläser klar und die Flaschen mit Sherry und Port!" sagte er zu dem Steward, der eben aus der Kombüse kam. „Setz auch ein Zigarrenkästchen auf den Tisch – aber ein volles, verstanden! Und daß nachher keine fehlt, oder ich zähle sie dir auf dem Buckel ab, mein Junge!"

„Aye, aye, Kapitän!" antwortete der Mann und brummte, als er in die Kajüte hinabstieg: „Ist wieder mal in Staatslaune, der Kapitän. Wird eine richtige Vergnügungsreise werden. Der Steuermann sieht auch gerade so aus, als ob er einen jeden Augenblick am Kragen packen will. Ich hätte abhauen sollen, mich hätten sie bestimmt nicht geschnappt!"

Die Boote kamen immer näher, und der Kapitän nahm das Glas in die Hand, um die einzelnen Personen zu begutachten.

„Natürlich, die ganze Gesellschaft, und Herr von Hafften auch. Damit nur die Kajüte schön voll wird. Dazu jede Menge junger Männer, und... verdammt, da steht doch tatsächlich dieser Beatty in dem anderen Boot!"

In diesem Augenblick erhielt er einen Schlag auf den Kopf. Der Schiffsjunge hatte einen Block am Besanmast klarmachen müssen und war zu schnell nach unten

geklettert. Dabei trat er dem Kapitän auf den Kopf.

„Ach, Kaptein!" schrie er entsetzt, als er den wütenden Kapitän sah. Im nächsten Augenblick erhielt er eine Ohrfeige, die ihn bis an die Quarterdecktreppe beförderte.

„Das ist auf Abschlag! Später setzen wir unsere Unterhaltung fort!" rief der Kapitän dem heulenden Jungen nach. Dann suchte er wieder das Wasser mit dem Fernrohr ab. Er wollte die Verbrecher so rasch wie möglich unter Deck bringen. Holleck sollte sofort in eine Koje schlüpfen und einen Kranken mimen. Später konnte er sich dann vorn aufhalten, ohne entdeckt zu werden. Als die beiden Boote ganz nah herangekommen waren, kam von der anderen Seite das Boot mit den Buschräubern.

Die fünf Mann waren wie Matrosen gekleidet. Der Bootsbesitzer, der sein Fahrzeug selber steuerte, gab sich Mühe, genau gleichzeitig mit den anderen Booten einzutreffen.

„Steh bei, einer von euch da vorn, um die Mannschaft an Bord zu nehmen!" befahl Kapitän Becker. „Halt! Einer ist genug, die anderen brauche ich, damit sie den Damen helfen! Können Sie auch mit zufassen?" fragte er die beiden Polizisten.

Die kleinen Fahrzeuge schossen rasch heran. Die Falltreppen waren ausgehängt worden, und zuerst langte Mr. Pitts Boot an. Einer der Bootsleute hob die kleine Therese hoch, dann kletterten die Damen nach. Es war nicht ganz leicht, alle heil an Bord zu bringen, denn die langen Kleider behinderten die Damen auf der schwankenden, unsicheren Leiter sehr.

Kapitän Becker stand bei ihnen, aber er beobachtete dabei scharf das andere Boot, das jetzt ebenfalls am Bug festmachte. Während die Polizisten eifrig den Damen halfen, sorgte Becker dafür, daß die Verbrecher schnellstens aus dem Weg gebracht wurden. Die kleine Therese lief mit ihm nach vorn, ohne daß sich der Kapitän jedoch um das Mädchen kümmern konnte.

Die Männer im dritten Boot hatten die Gesellschaft genau beobachtet, um dann zu gleicher Zeit an Bord zu kommen. Das war der günstigste Augenblick, und sie brauchten nicht zu befürchten, dabei beachtet zu werden. Während Holleck dem Kapitän fest vertraute, waren die anderen noch sehr unentschlossen, ob sie das Schiff wirklich betreten sollten.

„Wenn er uns eine Falle gestellt hat, gibt es keine Fluchtmöglichkeit", sagte Bob, der hinten am Steuerruder saß.

„Unsinn, ich riskiere doch am meisten und traue ihm völlig. Er hat sein Wort gegeben."

„Er wäre ein Esel, wenn er es hielte", antwortete Bob.

„Außerdem hat er auch ein eigenes Interesse an uns – nämlich daß wir ihn in Ruhe lassen und aus dem Land verschwinden. Das zählt auf alle Fälle!"

„Was machen wir, wenn die Matrosen nicht mitspielen und wir wirklich nach Neuseeland fahren?"

„Das laßt mal meine Sorge sein", versetzte Holleck. „Das Schiff möchte ich sehen, auf dem wir schon allein die Hälfte der Besatzung bilden und nicht mit den anderen fertig werden! Laßt uns nur erst auf hoher See sein. Wenn dann die Wasserpolizei von Bord gegangen ist, ist alles andere ein Kinderspiel."

„Noch ist die Wasserpolizei aber an Bord. Wenn mich nicht alles täuscht, sitzt da drüben so ein Lump mit einem Goldstreifen an der Mütze. Den bekommen wir noch als Zugabe."

„Der gehört mit zum Besuch", sagte Holleck, nachdem er einen vorsichtigen Blick in die angegebene Richtung geworfen hatte. „Aufpassen müssen wir an Bord sowieso. Aber Patrick, unser Bootsführer, bleibt unter dem Bug liegen, bis wir ihm das Zeichen zur Rückfahrt geben. Wenn es sein muß, haben wir das Boot immer noch zur Flucht!"

„Die Polizeiboote sind verdammt schnell", antwortete Bob.

„Das hier holen die nicht ein!" meinte Patrick lachend. „Die vier Riemen liegen bereit, und wenn wir uns richtig reinlegen, dann möchte ich das Polizeiboot in der Bai sehen, das uns einholt! Wie ein Pfeil schießt das kleine

Ding durchs Wasser."

„Na ja, wenigstens ein Trost. Wenn wir erst am Ufer sind – im Busch finden die uns nie mehr."

„Aber soweit kommt es nicht!" Holleck lachte. „Da, die Damen legen an. Der Kapitän hat die ganze Mannschaft nach vorn genommen, und die Polizisten stehen auch dabei. Jetzt sind wir dran! Leg dich in die Riemen, Pat, jetzt haben wir eine Viertelstunde Zeit, um unangenehmen Fragen aus dem Weg zu gehen."

„Hast du die Papiere bereit?"

„Alles in Ordnung. Die bekommt der Kapitän gleich in die Hand gedrückt, damit er uns ausweisen kann. So genau wird das jetzt auch nicht mehr genommen."

„Wer ist das, der jetzt nach vorn kommt?" erkundigte sich ein finsterer Bursche mit einer breiten Narbe im Gesicht.

Holleck drehte sich wieder vorsichtig zur Seite und flüsterte dann: „Alles in Ordnung, das ist der Kapitän. Macht jetzt bloß kein verlegenes Gesicht, damit die anderen Leute nichts merken. Achtung, da kommt das Tau!"

Das kleine, schlanke Boot glitt federleicht an den breiten Bug der *Susanna Baxter* heran. Ein Tau wurde niedergeworfen und rasch vorn durch den Ring gezogen. Katzengleich kletterten die ersten vier Männer an Deck. Nur der Narbige folgte etwas langsamer. Er war kein Seemann und daher solche Klettertouren nicht gewöhnt.

„Kapitän, wir melden uns eingetroffen!" sagte Holleck und reichte Becker die Papiere. Mit der anderen Hand hielt er seinen Hut so, daß sein Gesicht verdeckt wurde. Er hatte die kleine Therese erkannt, die dicht hinter dem

Kapitän stand und erstaunt und neugierig die fremden Männer ansah.

„Ich wollte Sie vorher sprechen", flüsterte der Kapitän, „warum sind Sie nicht gekommen?"

„Es ging nicht, konnte mir allerdings schon denken, weshalb. War nicht zu ändern. Was macht das Kind hier vorn?"

Kapitän Becker sah sich überrascht um und bemerkte erst jetzt die kleine Therese.

„He, Jan, bring doch mal das Kind zum Quarterdeck, und zwar schnell, damit ihm hier nichts passiert! Wer hat die Kleine nach vorn gelassen? Du mußt bei deiner Mama bleiben, Therese, und darfst hier nicht herumlaufen!"

„Wohin bringen Sie uns jetzt, Kapitän?" fragte Holleck nun.

„Gehen Sie ins Vordeck hinunter, und legen Sie sich in eine der Kojen. Ich habe der Polizei schon gesagt, daß einer meiner älteren Matrosen krank ist. Man wird Sie nicht belästigen. Ein anderer von euch kann gleich nach vorn gehen und sich beschäftigen."

„Das kann Bob machen."

„Gut, die anderen arbeiten hier am Anker. Ich werde gleich den Befehl zum Aufwinden geben, denn die Flut staut schon, und wir haben keine Zeit mehr zu verlieren. Die beiden Polizisten bekommen vom Steward eine Flasche Sherry und werden dann in Gottes Namen wegbleiben. Los jetzt, an eure Plätze!"

Ohne sich weiter um die Leute zu kümmern, ging der Kapitän zurück auf das Quarterdeck. Er wußte, daß es nicht auffallen würde, wenn die frisch angeheuerte Mannschaft erst im letzten Augenblick an Bord kam. Das war so üblich, und in dieser Zeit mußte man froh sein, wenn sie überhaupt auftauchten.

Auf dem Quarterdeck der *Susanna Baxter* ging es inzwischen lebhaft zu. Die Damen lachten und kicherten über ihre Kletterpartie, dann wollten sie sehen, wo Gertrud die kurze Zeit der Überfahrt verbringen mußte. Sie wurden alle in die Kajüte zu einem Imbiß eingeladen. Nur Mr. Pitt ging mit seinem Sohn an Deck auf und ab. Die beiden hatte noch einiges zu besprechen, und Charley machte sich eifrig Notizen. Der Kapitän zeigte den Polizisten, die ihren Sherry tranken, die Papiere und deutete dabei immer auf den jeweiligen Besitzer. Sie machten sich ihre Arbeit leicht, denn sie wußten, daß Becker ein Freund von Beatty war. Also war hier nichts zu befürchten, und der Sherry schmeckte ausgezeichnet.

Nun legte ein anderes Boot an, das den Diener und das Gepäck des jungen Ehepaares brachte. Dabei sah einer der Polizisten über Bord und bemerkte die Jolle, mit der die Buschranger an Bord gekommen waren und die noch immer am Bug lag.

„Holla, auf wen wartest du da unten?" rief er dem faul ausgestreckten Patrick zu.

„Auf niemanden, Sir. Wollte nur wissen, ob ich nicht den einen oder anderen Passagier mit an Land nehmen kann."

„Hier ist nichts für dich zu holen, wirf das Tau los und mach, daß du wegkommst, verstanden? Oder ich bringe dich auf Trab!"

„Aye, aye, Sir!" sagte der Mann mürrisch und erhob sich langsam. Er wußte, daß er dem Befehl folgen mußte. Der Polizist behielt ihn im Auge, bis er wirklich vom Schiff abstieß. Dann drehte er sich zu dem Kapitän um und sagte: „Passen Sie ein bißchen auf den Halunken auf. Ich kenne den Schuft, er ist mit allen Wassern gewaschen und hat das schnellste Boot in der Bai. Der lauert da, um Ihnen einen Ihrer eingefangenen Matrosen wieder abspenstig zu machen."

„Wäre mir lieb", brummte der Kapitän. „Steuermann, sei so gut und achte ein wenig auf die Jolle. Laß mir den Burschen nicht wieder rankommen!"

Jetzt drängte Kapitän Becker zur Abfahrt. Der Lotse war schon an Bord, und die Ebbe begann einzusetzen. Das Schiff hatte sich allmählich mit dem Bug der Stadt zugedreht, und der in der Jolle wartende Patrick mußte sich mit langsamen Ruderschlägen auf der Stelle halten, wenn er nicht in die Bai hinaustreiben wollte.

„Mr. Pitt", sagte Becker und ging auf ihn zu, „ich glaube, es wird Zeit, daß ich hier wegkomme. Wenn Sie nicht noch ganz wichtige Dinge zu besprechen haben, wäre es mir lieb, wenn ich meinen Anker lichten und lossegeln könnte. Wir versäumen sonst kostbare Zeit, und ich möchte gern vor Anbruch der Nacht noch ein tüchtiges Stück von der Küste wegkommen."

„Gut, Kapitän, ich wäre der letzte, der Sie aufhalten würde. Je eher Sie hinüberkommen, desto besser. Charley, ruf die Damen herauf, damit wir sie ins Boot schaffen. Das wird sowieso eine Weile dauern."

Damit hatte er recht, denn der Abschied dauerte etwas länger. Dabei sollte das Ehepaar Pitt nur für zwei Jahre in Neuseeland bleiben.

Mißmutig beobachteten auch die Verbrecher die Szene. „Wie lange die da hinten für den Abschied brauchen", raunte Bob dem Narbigen zu. „Na warte, laß uns erst mal draußen auf dem Meer sein! Wenn Bill glaubt, daß er das Mädchen für sich bekommt, ist er schief gewickelt!"

„Ruhe, der Steuermann kommt!"

„Hoch mit dem Anker, Burschen! Ein bißchen lebhaft! Rührt euch, hopp, hopp!"

Kein Befehl war diesen Männern lieber. Mit den Passagieren ging ja auch die Polizei von Bord, und keiner von ihnen fühlte sich wohl, solange noch die Uniformen in ihrer Nähe waren.

„Therese, was ist denn mit dir los? Dauernd trittst du mir auf das Kleid! Wovor hast du denn Angst? Sie geht keinen Schritt von meiner Seite", wunderte sich ihre Mutter.

„Sie hat wahrscheinlich Angst vor den vielen fremden Menschen, die überall auf dem Deck herumgehen", sagte Beatty, der neben ihr stand. „Es tut dir niemand etwas, meine Kleine. Wir fahren gleich nach Hause zurück."

„Ach ja, schnell nach Hause", flüsterte das Kind.

„Was ist, mein Kind? Du hast doch sonst keine Angst vor Fremden", sagte die Mutter kopfschüttelnd.

„Vorwärts, der Kapitän wird ungeduldig, und die Segel fangen schon Wind. Wenn wir uns nicht beeilen, müssen wir noch mit nach Auckland!"

„Wo ist Therese?"

„Ich nehme sie auf den Arm und bringe sie hinunter", sagte Beatty.

„Also, auf Wiedersehen und gute Fahrt!"

„Leutnant Beatty, warum steigen Sie nicht hinab?"

„Weil ich Sie vorlassen wollte und Ihnen dann die Kleine nachreiche."

„Also dann – auf Wiedersehen!" rief Mr. Pitt und kletterte am Fallreep hinunter.

„So, mein Schatz, halte dich nur gut fest, ich lasse dich nicht fallen", sagte Beatty. „Siehst du, da steht auch der Papa, der dich gleich auffangen wird."

„Fährt Onkel William mit Charley?" erkundigte sich die

Kleine und preßte dabei ängstlich den Kopf an Beatty.

„Wer, mein Engel?" erkundigte sich der Leutnant erstaunt.

„Onkel William!"

„Onkel William? Wie kommst du auf den?"

„So, jetzt geben Sie sie mir", sagte Mr. Pitt und streckte den Arm nach dem Mädchen aus. „Komm, mein Kind, nun setz dich hierher und hab keine Angst. Ich halte dich schon, damit du nicht über Bord fällst."

Therese gehorchte und sagte kein Wort mehr. Aber der scheue Blick, den sie zurück zum Schiff warf, war Beatty nicht entgangen. Er wußte, daß Holleck bei den Pitts immer „Onkel William" genannt wurde. War es möglich, daß der Verbrecher gerade auf dieses Schiff geflüchtet war, wo ihn der Kapitän doch kannte? Das war doch eigentlich undenkbar!

Die Boote stießen vom Schiff ab. Auch die Wasserpolizei war schon wieder in ihrem Boot, und der Lotse hatte seinen Platz neben dem Steuer eingenommen. Das Schiff war frei, die Mannschaft hing in den Brassen, um die Rahen fast vierkantig zu ziehen. Die nicht starke, aber frische Brise wehte direkt aus der Bai heraus. Vorn am Bug fing das Wasser an sich zu kräuseln. Patrick ruderte mit seinem Boot, als er die *Susanna Baxter* schwimmen sah, langsam der Küste zu.

In diesem Augenblick schoß ein Gedanke durch Beattys Kopf. Noch hatte er seinen Platz in dem Boot nicht richtig eingenommen, da beugte er sich zu der kleinen Therese hinüber und flüsterte: „Hast du Onkel William da drüben auf dem Schiff gesehen?"

Die Kleine antwortete nicht, sah aber wieder zu dem Schiff hinüber und nickte.

Beatty gab den Bootsleuten einen Befehl und winkte das Polizeiboot heran.

„Mr. von Hafften, darf ich Sie bitten, mich an Bord zu begleiten?"

„An Bord zurück?" Mr. Pitt lachte. „Haben Sie etwas vergessen?"

„Ja!"

„Und ich soll mitkommen?" erkundigte sich von Hafften.

„Ich bitte Sie darum."

„Um was geht es denn?"

„Es wäre vielleicht besser, wenn Sie die Damen allein weiterfahren ließen, Mr. Pitt. Wir haben vergessen, die zuletzt angekommene Mannschaft zu mustern, und ich möchte gern, daß Sie dabei sind."

„Aber, Beatty, halten Sie doch den Kapitän nicht länger auf! Der explodiert ja noch vor Zorn!"

„Es dauert nicht länger als fünf Minuten. Aber wir machen uns sonst strafbar."

Der Leutnant griff nach dem Rand des neben ihm fahrenden Polizeibootes und stieg hinein. Von Hafften zögerte noch einen Moment, dann folgte er ihm, ebenso Mr. Pitt.

„Haben Sie Waffen bei sich?" erkundigte sich Beatty leise, als sie Fahrt auf das Schiff aufnahmen.

„Einen Revolver", sagte von Hafften erstaunt.

So langsam sich auch die *Susanna Baxter* noch durch die Wellen bewegte, sie machte doch schon tüchtige Fahrt. Die kleinen Boote konnten das Schiff deshalb nicht mehr so leicht einholen...

Die Falle

Die Buschranger hatten beim Ablegen der Boote innerlich gejubelt. Nur noch eine halbe Stunde, und der Lotse würde auch von Bord gehen. Dann wären sie auf der weiten See, und keine Polizei mehr weit und breit! Bald würden sie das Steuer an sich reißen – was für ein abenteuerliches Leben lag dann vor ihnen! Auf dem eigenen Schiff, mit ausreichendem Proviant und gut bestücktem Laderaum versehen, würden sie die Südsee ansteuern oder durch die Torresstraße in den Ostindischen Archipel segeln!

Holleck hätte am liebsten laut aufgejubelt, als ihm die Freudenbotschaft in das Vorderdeck hinabgerufen wurde. Mit einem Satz war er aus der Koje und mit einem zweiten an Deck. Jetzt war die Rache für die üble Behandlung in Pitts Haus fällig – ja, Rache wollte er nehmen.

„Wenn doch jetzt so ein kleiner, gemütlicher Sturmwind aufkommen würde", sagte Bob. „Der alte Kasten zieht so langsam durchs Wasser, als ob er seine beiden Anker hinter sich herschleppen würde. He – was wollen die da drüben in den Booten?"

„Ja, was zum Teufel haben die vor? Sie drehen den Bug wieder auf uns zu", bemerkte jetzt auch Holleck.

„Verdammt, werden wir denn diese Kerle nie los? Ich hätte Lust, dem ersten, der sich an Bord zeigt, Stahl zu geben!"

„Bramsegel los!" rief der Kapitän vom Quarterdeck aus.

Er hatte die Bewegung in den Booten auch bemerkt und wünschte keinen zweiten Besuch.

„Das Polizeiboot hält wieder auf uns zu, Kapitän", sagte der Lotse.

„Ich habe nichts mehr mit ihnen zu tun. Na, wird's bald?" rief er den Leuten zu, die in die Wanten hinaufliefen.

In diesem Moment nahm Beatty seine Mütze ab und winkte.

„Der Offizier gibt ein Zeichen. Wollen Sie nicht das Vormarssegel backbrassen lassen?" fragte der Lotse.

„Verdammt, wenn ich's tue!" murmelte Becker halblaut.

„Dann muß ich es tun, Kapitän!" antwortete der Lotse. „Sonst mache ich mich strafbar und werde sofort verhaftet, wenn ich wieder an Land bin. Bin ich von Bord, können Sie machen, was Sie wollen, aber jetzt habe ich noch die Verantwortung."

„Ihre Strafe nehme ich auf mich. Ich kann doch nicht zwölf Stunden hier liegenbleiben und wieder Ankergeld bezahlen!"

„Das entfällt, wenn Sie auf Befehl der Polizei handeln. Die Boote kommen tatsächlich nicht mit. Entschuldigen Sie, Kapitän, aber ich kann nicht anders. Steht bei den Haliards zu Starbord! Vormarssegelfalle los! Hört ihr da vorn?"

Niemand rührte sich. Der Segelmacher stand am Steuerrad, Christian und der Junge waren nach oben geschickt worden, der Koch in der Kombüse, und die neuen Matrosen schienen den Befehl nicht zu hören.

„Starbordfalle vom Vormarssegel los! Habt ihr verstopfte Ohren da vorn, he?"

Kapitän Becker fühlte sich unbehaglich. Wenn er sich direkt widersetzte und mit seinem Schiff einmal nach

Sydney zurückkommen würde, war der Teufel los. Aber wenn der Besuch nun... Doch vielleicht hatte es einen ganz anderen Grund, als er befürchtete.

Der Lotse machte seinen Zweifeln ein Ende, indem er an das Rad ging und das Schiff gegen den Wind anluvte.

„Wenn Sie mir das Schiff auf den Sand setzen, dann zahlen Sie dafür!" rief Becker erschrocken.

„Aye, aye, Sir, obwohl ich eigentlich nicht dafür verantwortlich bin, wenn kein Mann an Bord einem gegebenen Befehl folgt. Aber hier gibt es auch keine Gefahr, wir können bis hundert Schritt ans Ufer heran."

Der Bug der *Susanna Baxter* hatte sich dem ankommenden Boot entgegengedreht, die vorderen Segel schlugen im Wind. Das Schiff lag vollkommen still und trieb nur etwas mit der Strömung abwärts. Wenige Minuten später war das Polizeiboot an seiner Seite.

„Ich wollte, Patrick wäre mit seiner Jolle hier", flüsterte Bob Holleck zu. „Das gefällt mir alles ganz und gar nicht!"

Holleck erwiderte nichts, er sah totenbleich aus. Ein verzweifelter Plan tauchte in ihm auf: ans Steuer springen, den Lotsen niederschlagen und das Schiff gleich hier in der Bai nehmen. Aber es war nur ein kurzer Gedanke, denn er sah den Wahnsinn eines solchen Unternehmens gleich ein. Er war den übrigen Matrosen noch völlig fremd, das Schiff lag jetzt im Wind, die Kanonen des nahen Forts konnten sie noch erreichen – ein Erfolg war nicht garantiert. Wer sagte ihnen denn auch, daß die Polizei überhaupt etwas Verdächtiges an Bord bemerkt hatte? Vielleicht brachte sie eine Nebensächlichkeit zurück. Übereiltes Handeln hätte alles verraten und verderben müssen.

Christian und der Schiffsjunge, die eben mit ihrer

Arbeit fertig geworden waren, kletterten wieder auf Deck. Holleck schaute in wilder Hast nach seinen Leuten, die jedoch über das ganze Deck verstreut waren. Auch wenn er sie jetzt zusammenrief, wäre eine Verständigung nicht mehr möglich gewesen... Da scheuerte das Polizeiboot auch schon längsseits.

Holleck durfte sich nicht der Gefahr aussetzen, hier gesehen zu werden, und stieg deshalb in das Vordeck hinunter, legte sich jedoch nicht wieder in die Koje. Was jetzt auch immer passierte – er würde bereit sein.

„Nun, Mr. Beatty, welchem Glücksfall haben wir es zu verdanken, daß Sie uns noch einmal besuchen und mein Schiff in der Fahrt aufhalten?" fragte der Kapitän den Polizisten mit finsterer Miene.

„Ja, ein wirklicher Glücksfall für Sie, Kapitän. Sie entgehen wahrscheinlich dadurch einer größeren Gefahr, als Ihnen Meer und Sturm bringen können."

„Da bin ich aber neugierig", antwortete der Kapitän und wünschte den Leutnant heimlich zur Hölle.

„Zwei von euch bleiben unten im Boot – Mr. Pitt und Mr. von Hafften, kommen Sie bitte herauf? Ihr haltet euch da unten so weit vom Schiff entfernt, daß niemand in das Boot springen kann, verstanden?"

„Aye, aye, Sir!"

„Jetzt sagen Sie aber endlich, was Sie vorhaben", forderte Mr. Pitt, als er an Bord kletterte.

„Was ist denn passiert?" erkundigte sich auch Charley, der seinem Vater half.

„Schicken Sie Ihre Frau in die Kajüte, Mr. Pitt", antwortete Beatty, ohne auf die Frage einzugehen. „Wir bekommen viel Arbeit hier oben. Was haben Sie an Waffen bei sich?"

„Waffen? Zwei Revolver, unten in der Kajüte."

„Bringen Sie Ihre Frau rasch hinunter, und kommen Sie mit den Waffen zurück. Kapitän, wir müssen Ihre Leute überprüfen."

„Was? Meine Leute überprüfen? Was soll das?"

„Natürlich können Sie nicht wissen, wen Sie an Bord haben", sagte der Leutnant zu Becker, der seinem Blick nicht standhalten konnte. „Aber wenn mein Bericht stimmt, befindet sich Holleck an Bord. Sollte er wirklich hier sein, dann haben wir ein paar Fliegen mit einer Klappe geschlagen."

„Holleck? Dieser Verbrecher an Bord?" rief der alte Mr. Pitt. Aber schon beim ersten lauten Wort ermahnte ihn Beatty mit einer Handbewegung, vorsichtig zu sein. Ein rascher Blick überzeugte ihn davon, daß seine Leute schon tätig geworden waren. Einer von Hollecks Freunden war nämlich vom Steuermann mit Christian an die Pumpe gestellt worden, um zu sehen, ob das Schiff Wasser aufnahm. Aber so viel Mühe er sich dabei auch gab, sein Gesicht wegzudrehen, es nützte ihm nichts.

„Hallo, Jenkins, wie geht's?" sagte der eine Polizist zu ihm, trat dicht an ihn heran und legte ihm die Hand auf die Schulter. „Freut mich, dich wiederzusehen, alter Freund. Ganz ruhig, keine Bewegung, oder ich blase dir damit ein Loch in den Kopf. Ned, leg ihm doch mal die Darbies an."

Der Verbrecher warf einen verzweifelten Blick zu den anderen. Aber seine Kameraden waren zu weit entfernt, und der Polizist stand mit gespanntem Revolver direkt vor ihm. Er sagte kein Wort, sondern streckte gehorsam die Hände aus, und gleich darauf klickten die Handschellen um seine Gelenke.

„Na bitte", sagte Beatty zu Becker. „Da haben wir schon

den Anfang gemacht. Paßt auf das Boot da drüben auf, das wieder zurückgerudert kommt!" rief er plötzlich dem unten treibenden Polizeiboot zu. Er hatte bemerkt, daß Patrick nach der Drehung des Schiffes langsam näher kam. „So, meine Herren, an die Arbeit! Wen haben Sie da, Withers?"

„Ach, nur einen alten Bekannten, Sir, den wir allerdings hier nicht vermutet hatten."

„Also habt ihr eure Pflicht vorher unverantwortlich vernachlässigt. Weshalb wurden die Leute nicht gleich gemustert, wie der Befehl lautete?"

„Sir, die Papiere... und der Kapitän..."

„Ihr habt euch weder um Papiere noch um den Kapitän zu kümmern! Ins Boot mit dem Kerl, und wenn er sich widersetzt, so schlagt ihm ein Ruder auf den Schädel!"

Die übrigen Männer an Deck hatten den Vorfall beobachtet. Sie wußten jetzt, was sie erwartete, aber noch fehlte ihnen der Entschluß zum Handeln.

„Bill", flüsterte Bob in das Vordeck hinunter, „sie haben Jenkins in den Darbies! Wollen wir warten, bis die Reihe an uns kommt? Jetzt geht es Schlag auf Schlag! Patrick hat sein Boot wieder gedreht, er ist kaum hundert Meter vom Schiff entfernt."

Holleck zögerte noch – er wußte, was besonders ihn erwartete, und Flucht war sein einziger Gedanke. Sollte es ihn kümmern, was aus den anderen wurde?

„Zum Teufel, was geht denn hier vor?" sagte der Steuermann, der zu ihnen getreten war. „Was steht ihr denn alle rum und haltet Maulaffen feil? An die Arbeit, ihr verdammten Landratten! Ich möchte wissen, wer euch als Matrosen ausgegeben hat!"

„Verfluchtes Schiff", brachte Bob zwischen den zusammengebissenen Zähnen heraus. „Hätte ich mir doch denken können, daß es so kommen würde! Jetzt sitzen wir in der Falle!"

„Na, wird's bald?" rief der Steuermann, der sich nicht um die Polizisten kümmerte. „Wer steckt denn da unten? Rauf da, alle Mann mustern!"

„Komme schon", sagte Holleck, der noch immer unschlüssig auf der Treppe des Vordecks gestanden hatte. In diesem Augenblick kam an der Steuerbordseite Beatty heran, von zwei Polizisten und zwei Bootsleuten gefolgt. Mr. Pitt und von Hafften schlossen sich ihnen an. Charley war noch in der Kajüte, um seine Revolver zu laden. An der Steuerbordseite konnte Holleck auch Patricks Boot erkennen, das jetzt noch etwa fünfzig Meter vom Schiff entfernt war, während Patrick mit langsamen, aber kräftigen Zügen seine Riemen handhabte. Nun kam auch noch Kapitän Becker nach vorn. Hollecks Gesicht hatte seine Farbe völlig verloren, aber unter seiner Jacke hielt eine Hand den gespannten Revolver. Die kleine Gruppe seiner Freunde stand noch unschlüssig da, sie überlegten, ob sie den Kampf bis zum Letzten wagen sollten.

Kapitän Becker hoffte, jedes Blutvergießen verhindern zu können, und ging ohne Waffe zu den Leuten. Als er Holleck bemerkte, rief er ihm zu: „Mr. Holleck, es tut mir leid, aber..."

„Schuft!" zischte der Verbrecher. Er glaubte in diesem Moment, daß der Kapitän sie verraten hatte. Ein Blick auf das Boot zeigte ihm, daß Patrick ganz dicht herangekommen war. Die Leute in dem Polizeiboot hatten nicht weiter auf ihn geachtet, sondern sich nur um den Gefangenen gekümmert. Jetzt konnten sie ihn auch nicht mehr sehen, weil Patrick von dem Schiffsrumpf verdeckt wurde.

„Du sollst deinen Lohn haben!" schrie Holleck dem Kapitän zu und riß den Revolver heraus. In blinder Wut feuerte er ihn auf den zurückprallenden Seemann ab.

Die so dicht vor ihm abgeschossene Kugel wäre für Becker tödlich gewesen, hätte ihn nicht eine glückliche Eingebung des Schiffsjungen gerettet. Hannes, der die Vorgänge erstaunt beobachtet hatte und nicht wußte, was er machen sollte, war schließlich neugierig nach vorn zu den Logis gelaufen. Als er sich umdrehte, sah er den Kapitän dicht hinter sich. Da fiel ihm ein, daß er hier eigentlich nichts zu suchen hatte, und wollte sich um den Vormast zur anderen Seite drücken, als Holleck den Revolver aus der Tasche riß. Ohne nachzudenken, schlug der Schiffsjunge dem Mann blitzschnell die Waffe nach oben und schrie: „Schießen willst du?"

Das rettete den Kapitän. Gleich darauf hatte Holleck zwar den Jungen mit einem Schlag seiner linken Faust zur Seite gefegt, aber nach dem Schuß sprang der Steuermann herbei, und auch Beatty und die anderen stürmten auf Holleck zu.

Mit einem Satz war Holleck auf der Schanzverkleidung – unten lag Patricks Boot. Aber er hatte nicht mit Hannes gerechnet! Der Schlag hatte den Jungen gegen die Schanzkleidung geworfen. Gerade als er sich aufrappelte, sah er das Bein des Flüchtenden über sich, griff danach und hielt es fest. Da faßte auch der Steuermann zu. Holleck wollte mit dem Revolver herumfahren, blieb aber an einer Leine hängen, und die Waffe fiel ins Meer.

„Ergebt euch!" rief Beatty jetzt den anderen Buschräubern zu. Die drei Männer hatten sich mit schußbereiten Revolvern Rücken an Rücken gestellt. „Schießt einer von

euch, dann hängt ihr alle! Gebt auf, hier kommt keiner von euch weg!"

Flucht war unmöglich, aber die Männer zögerten noch.

„Die Waffen aufs Deck!"

Bob zögerte noch. Die anderen sahen ihn fragend an.

„Die Waffen runter, oder ich gebe Feuerbefehl!"

„Na, dann sind wir wieder mal soweit", knurrte Bob und folgte dem Befehl. „Wenn ich nur diesen Lump von Bill hängen sehen könnte, der uns das alles eingebrockt hat!"

„Das ist ein bescheidener Wunsch, der vielleicht bald erfüllt werden kann", sagte Beatty und lachte. „Legt ihnen die Eisen an – und dann ab ins Boot!"

„Anker klar!" kommandierte der Lotse. Das Schiff trieb durch die Strömung – ohne in dieser Lage dem Steuer zu gehorchen – auf die Küste zu. Schnell hatten die Polizisten die Verbrecher mit Handschellen, den berüchtigten Darbies, gefesselt. Fast gleichzeitig schnappten vier Eisen in die Schlösser. Holleck, den der Steuermann, der Schiffsjunge und Mr. Pitt gehalten hatten, wurde ebenfalls gefesselt, und wenige Minuten später rasselte der Anker wieder in die Tiefe.

„Da sitz ich also wieder", sagte Becker, der sich bei dem Geräusch hinter den Ohren kratzte. „Es ist doch wirklich so, als sollte ich von dem vermaledeiten Land nicht mehr wegkommen!"

„Sie sollten Gott danken", erwiderte Beatty. „Glauben Sie, daß der Kerl, der Ihnen gerade eine Kugel verpassen wollte, auf See damit sparsamer umgegangen wäre? Glauben Sie wirklich, Sie hätten Neuseeland je erreicht? Diesen Verbrechern blieb doch nur die Möglichkeit, das Schiff auf hoher See zu übernehmen und damit zu fliehen."

„Das wäre ihnen verdammt schwergefallen", sagte Bekker, aber aus seiner Stimme klang wenig Zuversicht.

„Lieber Kapitän, Ihr Schiff wäre nicht das erste gewesen, das auf diese Weise verlorengegangen wäre. Haben Sie mal darüber nachgedacht, welches Unglück Sie über die Familie Pitt gebracht hätten?"

„Aber, Leutnant Beatty..."

„Ach was, Kapitän, ich will gar nichts weiter hören – und darf es auch nicht. Sie können nicht geahnt haben, daß Holleck als Matrose verkleidet an Bord kam. Sie verstehen mich? Unsere Gesetze sind sehr streng, und sie müssen es auch sein."

„Was jetzt? Ich liege hier schon wieder vor Anker!"

„Spätestens in anderthalb Stunden haben Sie die Mannschaft der *Lucy Neal* an Bord, die ich Ihnen versprochen hatte. Die Anweisungen bringt Ihnen der Polizeisergeant, denn ich kann nicht wieder an Bord kommen."

„Lieber Beatty, ich..."

„Ich mache das Mr. Pitt zuliebe. Die Leute übergeben Sie in Auckland dem Kapitän der *Lucy Neal.* Sollte der den Hafen schon wieder verlassen haben, dann können Sie die Mannschaft freilassen oder wieder anheuern. Nur der Lohn für die Fahrt nach Neuseeland muß hier ausgezahlt werden. Aber das arrangiere ich schon mit Mr. Pitt."

„Sie sind ein Engel in Uniform!" rief der Kapitän und schüttelte ihm die Hand.

„Schon gut. Halten Sie Ihr Schiff segelfertig. Noch einmal: Danken Sie Gott, daß Sie einer solchen Gefahr entgangen sind!"

Holleck stand auf dem Vordeck, bleich und mit den Zähnen knirschend. Vor ihm stand Charley Pitt, die Arme untergeschlagen und den Verbrecher fast mitleidig betrachtend.

„Mußte es mit dir ein solches Ende nehmen, William? Hat das einer von uns verdient?"

„Geh zum Teufel! Du hast mich gefaßt, nun mach auch ein Ende! Wenn ich einen von euch hätte, ich will verdammt sein, wenn ihr noch Zeit zum Reden hättet!"

„Ab mit dem Kerl ins Boot!" rief der Leutnant in diesem Moment. „Werft ihn hinein, wenn er nicht freiwillig geht. Dann an Land, was ihr rudern könnt! Wir haben einen herrlichen Fang gemacht, und die Herren werden die Zeche zahlen müssen."

„Für heute werde ich das tun", sagte Mr. Pitt. „Alle hier Beteiligten möchte ich einladen, zu mir zu kommen. Und daß Sie nicht fehlen, Leutnant Beatty, denn Ihnen habe ich die Rettung meiner Kinder und des Schiffes zu verdanken!"

„Wissen Sie, wem Sie die Rettung wirklich zu verdanken haben?" fragte der Offizier und lächelte. „Ihrer kleinen Therese. Die hatte den Burschen erkannt, und darum fürchtete sie sich so an Bord."

Holleck, der gerade vorbeigeführt wurde, biß in wildem Zorn die Zähne zusammen. Während der Leutnant Mr. Pitt erzählte, wie sich die Verbrecher, von Becker unbemerkt, an Bord schmuggeln konnten, wurden die Buschräuber in das Boot gelassen. Bald darauf schoß das schlanke Fahrzeug der Festung entgegen, wo die Gefangenen abgeliefert werden sollten.

Auf dem Quarterdeck ging Becker mit langen Schritten auf und ab. Der Steuermann stand in seiner Nähe und unterhielt sich, über den Schiffsrand gelehnt, mit Patrick.

„Was hast du verdammter Halunke hier noch zu spionieren, he?"

„Fahr spazieren, Sir", sagte der Ire trocken.

„Gut, dann tu mir den Gefallen und komm mal so nahe heran, daß ich dir den alten Schleifstein ins Boot werfen kann. Danach kannst du dir den Grund der Bai ansehen, verstanden?"

„Herzlichen Dank, aber ich brauche keinen Ballast!" Patrick hielt sich außer Wurfweite, denn er ahnte, daß der Steuermann seine Drohung wahr machen würde. Als er nach einer Weile einsah, daß es hier nichts mehr für ihn zu tun gab, ruderte er ans Ufer zurück.

„Steuermann, schicken Sie mir doch mal den Jungen her!" rief der Kapitän.

„Den Hannes?"

Der Kapitän nickte. Gleich darauf erschien der Schiffsjunge. Verlegen drehte er seine Mütze in den Händen.

14 9125-14

„Kaptein?" sagte er leise und wischte sich die Nase mit dem Ärmel.

„Hannes", der Kapitän sah den Jungen ernst an, „du weißt, daß ich schneller laufen kann als du."

Über das schmutzige Gesicht des Jungen huschte ein Grinsen. Er mußte an den Augenblick denken, als der Kapitän den steilen Hang hinunterschoß. Aber sein Respekt vor ihm war zu groß, und wenn der Alte böse wurde...

„Jawoll, Kaptein, Sie laufen schon gut", sagte er kleinlaut.

„An dem Morgen hatte ich dir etwas ganz Besonderes zugedacht. Du weißt doch, was ich meine, Junge?"

„Jawoll, Kaptein", sagte der, noch kleinlauter geworden.

„Na schön. Heute hast du das abverdient. Wenn du nicht mit mir fahren willst, zahle ich dir deinen Lohn aus und vielleicht noch etwas mehr. Dann kannst du mit dem Boot zurückkehren. Willst du wieder in die Berge?"

Der Junge kratzte sich mit seiner alten Mütze am Kopf und lachte verlegen vor sich hin.

„Kaptein... ich..."

„Ich meine es gut mit dir", versicherte Becker. „Du kannst dich völlig frei entscheiden."

„Wenn das so ist, Kaptein, und ich keine Schläge bekomme, dann – dann bleib ich an Bord."

„Was? Hast du das Goldsuchen schon satt?"

„Ja, Kaptein, ich bleibe an Bord."

„Der Junge ist nicht so dumm, wie er aussieht", sagte der Steuermann.

Der Kapitän sah den Schiffsjungen noch immer ernst an. Dann streckte er die Hand aus, nahm die des verblüfften Jungen und schüttelte sie derb.

„Na, dann bleib, Hannes, du wirst es nicht bereuen. Ich

will doch einmal sehen, ob ich nicht noch was Ordentliches aus dir machen kann. Und nun geh nach vorn und mach deine Arbeit!"

„Jawoll, Kaptein!" rief der Junge vergnügt und war wie der Blitz vom Quarterdeck verschwunden.

Beatty hielt Wort, die neue Mannschaft kam noch vor der angegebenen Zeit an Bord. Die Männer trugen Handschellen, wie alle eingefangenen Matrosen, und wurden erst an Bord freigelassen. Jetzt stand der Fahrt nichts mehr im Wege. Bis der Anker oben war, blieb die Polizei an Bord; der Lotse stand wieder am Steuer, der Bug des Schiffes fiel vor dem Wind ab, und die Segel füllten sich, denn die Brise war inzwischen noch stärker geworden. Trotz Ebbe war genug Wasser im Kanal, der aus der prächtigen Bai auf das offene Meer hinausführte.

Jetzt stieß das Polizeiboot ab, und die *Susanna Baxter* gewann mit jeder Minute mehr Fahrt – links und rechts warf der Vordersteven schon weißen Schaum zur Seite. Immer kleiner wurden die Häuser von Sydney, und bald konnte man draußen die Schaumkronen der Wellen sehen. Jetzt ging der Lotse von Bord, und eine Stunde später schaukelte das Schiff mit geblähten Segeln auf dem Stillen Ozean seinem Ziel Neuseeland entgegen.

CIP-Kurztitelaufnahme der Deutschen Bibliothek

Gerstäcker, Friedrich:
Goldfieber im australischen Busch / Friedrich
Gerstäcker. In d. Bearb. von Thomas Ostwald. –
München; Wien; Zürich: F. Schneider, 1985.
(Klassiker)
ISBN 3-505-09125-1
NE: Ostwald, Thomas [Bearb.]

8000 München 46 · Frankfurter Ring 150 · Wien – Zürich
Titelbild und Illustration: Oldrich Jelinek
Der Originaltitel lautet: „Im Busch. Eine australische Erzählung"
und erschien erstmals 1864.
Lektorat/Redaktion: René Rilz
ISBN: 3 505 09125-1
Bestell-Nr. 9125

Sachinformationen zum Buch

Wer war Friedrich Gerstäcker?

Am 10. Mai 1816 wurde Friedrich Gerstäcker in Hamburg geboren. Sein Vater starb früh, und so kam er zu Verwandten nach Braunschweig, wo er seine Jugendjahre verlebte. Nach der Schule wollte er unbedingt auswandern; Daniel Defoes *Robinson Crusoe* und J. F. Coopers *Lederstrumpf* hatten in ihm schon früh das Fernweh geweckt. Seine Mutter erreichte jedoch, daß er sich intensiv auf den Beruf als Farmer vorbereitete. Gerstäcker erlernte also die Landwirtschaft und wanderte dann, mit knapp 21 Jahren, im Mai 1837 aus. Wie so viele Menschen in dieser Zeit reiste er als Zwischendeckpassagier nach Amerika, in das Land, das allen Freiheit und Arbeit zu bieten schien. Aber schnell mußte er erkennen, daß hier in den Städten zu viele Auswanderer auf Arbeit hofften.

Nach einem ersten geschäftlichen Mißerfolg durchzog Friedrich Gerstäcker in den kommenden sechs Jahren die Vereinigten Staaten von Amerika kreuz und quer zu Fuß, auf dem Pferd oder mit dem Dampfer. Dabei übte er zahlreiche Berufe aus, jagte gemeinsam mit Indianern und lebte wie ein Trapper in den Wäldern.

1843 kehrte er nach Deutschland zurück und wertete seine zahlreichen Abenteuer aus. Sein erstes Buch hieß *Streif- und Jagdzüge durch die Vereinigten Staaten von Nordamerika;* großen Erfolg hatte er mit den Romanen *Die Regulatoren in Arkansas* und *Die Flußpiraten des Mississippi.*

1849 unternahm der Schriftsteller seine zweite große Reise, die ihn nach Südamerika und dann nach Kalifornien, mitten in den Goldrausch hinein, führte. Nachdem er sich selbst ohne großen Erfolg längere Zeit als Goldgräber versucht hatte, reiste er mit einem Walfänger in die Südsee weiter, von Tahiti dann nach Australien. Auch hier durchquerte er große Strekken des weithin noch unbekannten Landes zu Fuß. Den

Abschluß der Reise bildete ein Aufenthalt auf Java. Wieder in Deutschland, schrieb Gerstäcker seine Reiseerlebnisse nieder und zahlreiche Romane, deren Schauplätze er auf seinen Reisen kennengelernt hatte, etwa *Tahiti, Gold, Im Busch, Die beiden Sträflinge, Unter dem Äquator* und viele andere. Mit diesen Werken wurde er einer der bekanntesten Schriftsteller des 19. Jahrhunderts.

Obwohl Gerstäcker verheiratet war und Kinder hatte, hielt es ihn nicht lange in der Heimat. 1860 unternahm er eine neue Reise, die ihn 18 Monate lang durch mehrere Staaten Südamerikas führte: Ekuador, Peru, Argentinien und Brasilien. 1862 begleitete Gerstäcker den Herzog von Sachsen-Coburg-Gotha nach Afrika; 1867 fuhr er schließlich noch einmal nach Nordamerika und von dort weiter nach Mexiko, Ekuador, zu den Westindischen Inseln und nach Venezuela.

Seine letzten Jahre verbrachte Friedrich Gerstäcker wieder in Braunschweig. Als Kriegsberichterstatter erlebte er den Deutsch-Französischen Krieg 1870/71, und für 1872 plante er gerade eine große Reise nach China, Japan und Indien, als er überraschend in der Nacht des 31. Mai 1872 starb.

Der nur 56 Jahre alt gewordene Schriftsteller Friedrich Gerstäcker hinterließ ein umfangreiches Werk; die Gesamtausgabe umfaßte 44 Bände, dazu kommen zahlreiche Zeitschriftenartikel und einige Theaterstücke. Seine Romane und Erzählungen unterscheiden sich von denen vergleichbarer Schriftsteller, die nicht oder nur wenig reisten, besonders wegen der realistischen Erzählweise und Beschreibung der Schauplätze. Gerstäckers Figuren sind allemal lebensnahe Persönlichkeiten, keine übernatürlichen Helden. Die von ihm geschilderten Orte hat er selbst gesehen, und er beschreibt Land und Leute so farbig und einprägsam, daß auch der heutige Leser noch einen guten Einblick in die damalige „wilde“ Zeit gewinnt.

Um sein Leben und Werk bemüht sich in Braunschweig die Friedrich-Gerstäcker-Gesellschaft.

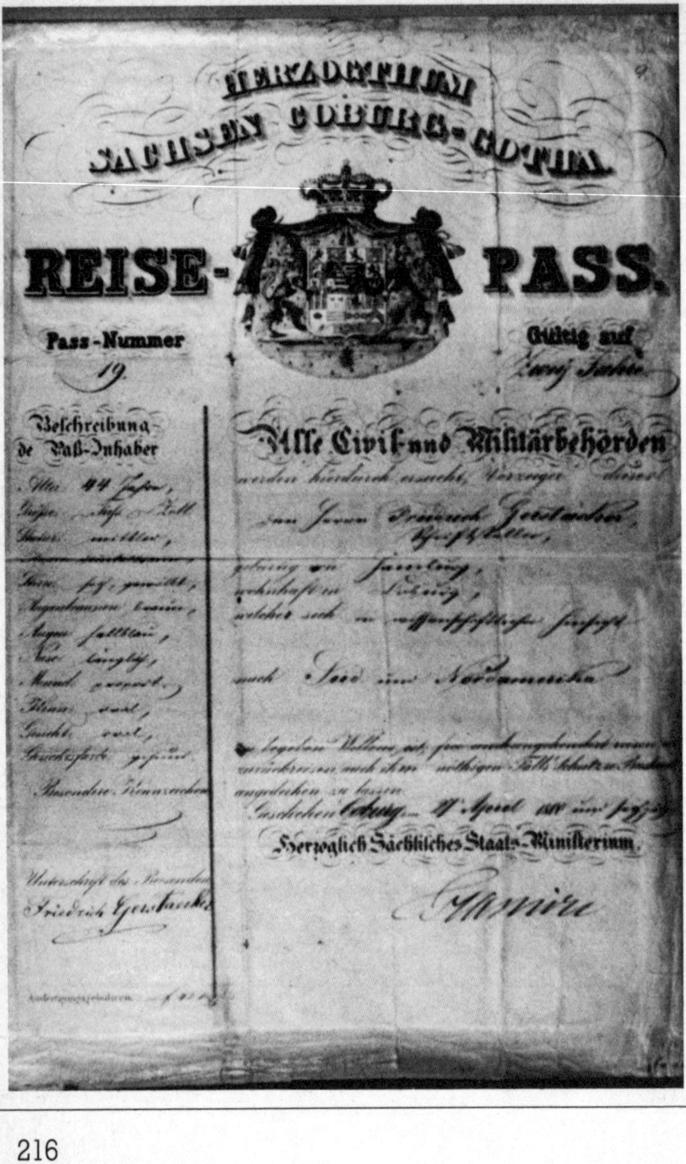

HERZOGTHUM SACHSEN COBURG-GOTHA

REISE-PASS.

Pass-Nummer 19

Gültig auf

Beschreibung de Paß-Inhaber

Alle Civil- und Militärbehörden

Herzoglich Sächsisches Staats-Ministerium.

Sydney New Gazette

Sydney, 1. Juni 1851

Gold in den Bergen gefunden!

Goldgräber brachten riesige Klumpen nach Sydney! In den Bergen liegen Millionenschätze!

Wie wir soeben aus zuverlässiger Quelle erfahren haben, liegt in den Bergen am Turon-River Gold! Bei ersten Probewaschungen blieben taubeneigroße Goldstücke in den Sieben hängen. Die glücklichen Finder steckten sofort ihren Claim großzügig ab und suchten fieberhaft weiter. Das Ergebnis stellt alles bisher Gesehene in den Schatten. Selbst Kalifornien kann nicht solche Goldvorräte gehabt haben wie unser Land! Natürlich ist die Lage der Claims noch geheim, aber unser Informant ist sicher, daß überall am Turon Gold zu finden ist! Wir konnten uns übrigens selbst von der Größe der Goldnuggets überzeugen. Obwohl die Kutsche überfallen wurde, mit der die Claimbesitzer nach Sydney kamen, konnten sie mehrere Stücke vor den Buschrangern verstecken. Und das sind die Beweise für diese sensationelle Meldung. Leider verlief der Überfall nicht unblutig: Ein Mann wurde von den Verbrechern niedergeschossen.

Von unserem
Sonderkorrespondenten

Sydney New Gazette

Sydney, 14. Juni 1851

Goldfunde übertreffen alles: Größtes Nugget gefunden – so groß wie ein Kinderkopf!

Soeben kam unser Sonderkorrespondent von einem ersten Ritt in die neu entstandenen Minen am Turon zurück und berichtete, daß Tausende goldsuchender Männer dort eine riesige Zeltstadt errichtet haben und täglich größere Mengen Gold gefunden werden! Unser Mann hat mit eigenen Augen gesehen, wie die Brüder James und Jesse Smith den größten bisher entdeckten Goldklumpen aus dem Sand wuschen! Er hat die Größe eines Kinderkopfes, und sein Preis ist noch gar nicht einzuschätzen. Nach diesem Fund gab es wilde Schießereien rund um die Claims der Brüder. Nur gut, daß die Polizei schnell Herr der Lage wurde, wäre doch sonst noch mehr Blut geflossen. Täglich treffen Hunderte von neuen Goldsuchern hier ein!

Sonderkorrespondenten

15. April 1851
Habe mit dem Bau eines Bootes begonnen, um damit den Murray-River hinabzufahren. Bislang hat das noch kein Mensch gewagt. Schlechtes Baumaterial hier, nur schwere Gumbäume.

3. Mai 1851
Endlich erste Probefahrt. Das Kanu sieht aus wie ein Trog, aber damit muß es gehen. Der Weg wird nicht so einsam wie gedacht. Ein deutscher Seemann will mit.

5. Mai 1851
Endlich gestartet. Der Murray ist wild, viele Sandbänke. Heute große Strecke bewältigt. Dabei habe ich den Fluß ausgemessen. Vielleicht ist später hier Schiffahrt möglich.

7. Mai 1851
In einer Stromschnelle gekentert. Nur wenig der Ausrüstung gerettet. Tagebuch war zum Glück wasserdicht verpackt. Mein Begleiter will aufgeben. Wir rudern mit den Bratpfannen weiter.

10. Mai 1851
Mein Geburtstag – und was für ein Tag! Wir sind wieder gekentert, haben alles verloren. Mein Begleiter ist umgekehrt, ich sitze allein an einem Feuer im Busch und trockne die Sachen. Werde zu Fuß am Murray weitergehen und ihn ausloten.

17. Juni 1851
Endlich geschafft! Heute verlasse ich den Murray und gehe nach Adelaïde. Der Murray ist ausgemessen, vielleicht ist damit eine Verkehrsverbindung möglich.

28. Juni 1851
Ich bin am Turon, in den Goldminen. Dasselbe Treiben wie in Kalifornien! Dieselben Hoffnungen und Enttäuschungen, nur die Natur noch öder als da, das Goldwaschen noch schwieriger!

5. August 1851
Das Leben hier in den Minen wird unerträglich! Jeden Tag Gewalttaten, die Preise für Lebensmittel steigen nicht täglich, sondern stündlich. Ich habe genug Gold für die Weiterreise. Morgen geht es nach Sydney zurück! Australien ist ein furchtbares Land!

dpa

Uransuche in Australien – ein neuer Goldrausch?

Heute wird in Australien nicht mehr allein nach Gold geschürft, sondern unter anderem auch nach Uran, dem Kernbrennstoff für Atomkraftwerke. Fast ein Fünftel der bekannten Reserven des Westens liegen auf diesem Kontinent. Durch die weltweit sinkende Nachfrage entwickeln sich die Profite nicht mehr so stürmisch.
Im Nordterritorium liegen unter anderem die neuentdeckten Gruben mit leicht abzubauendem Uranoxyd – zum Teil allerdings im Arnhem-Land-Reservat der australischen Ureinwohner. Um deren Landrechte zu schützen, gibt es seit 1976 ein Gesetz. Damit werden die Unternehmen gezwungen, über den Abbau und die finanziellen Entschädigungen mit den Aborigines (den Ureinwohnern) zu verhandeln. Der neue „Reichtum“ hat jedoch bei vielen unter den Ureinwohnern dazu geführt, daß sie ihre alte Lebensweise fast aufgegeben haben – oft zu deren Schaden, da sie die Entwurzelung seelisch nicht verkraften. Besser für die Ureinwohner wäre es zweifellos, den Abbau in andere Gebiete zu verlegen. Wie neuerschlossene Uranvorkommen, z. B. im Süden des Landes, zeigen, ist dies auch möglich. Ob es wieder einen Uranboom geben wird, hängt nicht zuletzt davon ab, inwieweit sich Kernenergie langfristig als Energielieferant durchsetzen wird.

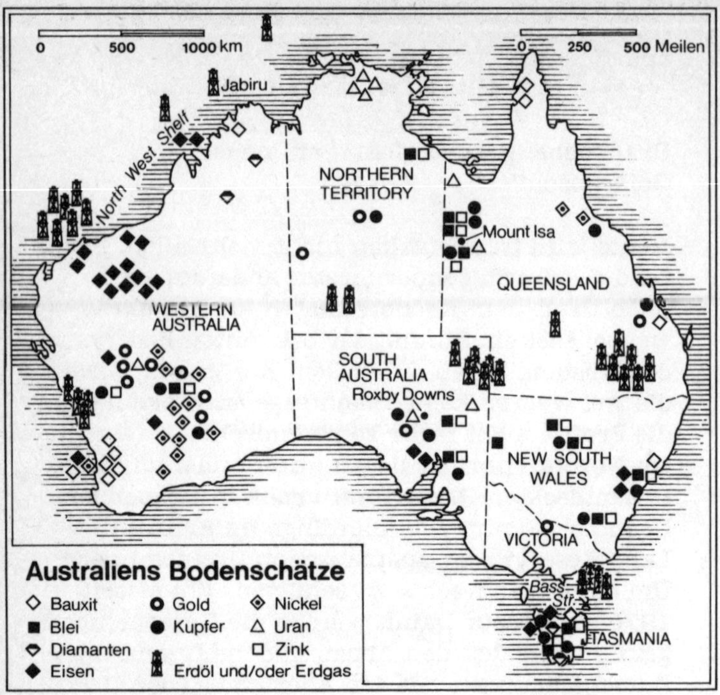

0 500 1000 km
0 250 500 Meilen
Jabiru
North West Shelf
NORTHERN TERRITORY
Mount Isa
QUEENSLAND
WESTERN AUSTRALIA
SOUTH AUSTRALIA
Roxby Downs
NEW SOUTH WALES
VICTORIA
Bass Str.
TASMANIA
Australiens Bodenschätze
Bauxit
Blei
Diamanten
Eisen
Gold
Kupfer
Erdöl und/oder Erdgas
Nickel
Uran
Zink